工作场所无礼行为对教师工作投入的影响机制

郭菊 著

西安电子科技大学出版社

内 容 简 介

本书主要探讨了工作场所无礼行为对教师工作投入的影响机制，并融合了作者多年的研究成果。一方面，本书以工作要求-资源模型为总理论基础，结合情感事件理论、组织成员身份理论及社会交换理论，以内部身份感知和组织认同为中介变量，以自我感知可雇佣性为调节变量，构建了有调节的链式中介模型，并逐层深入地分析了不同自我感知可雇佣性情况下工作场所无礼行为对教师工作投入的影响机制，此研究具有一定的理论贡献；另一方面，本书从政府、学校、个人三重主体视角，提出了宏观、中观、微观层面的减少工作场所无礼行为、提升教师工作投入程度的管理策略，对学校管理具有一定的实践指导意义。

本书可供高等学校管理学相关专业博士、硕士研究生阅读，也可作为广大教师和教育管理者的参考书。

图书在版编目(CIP)数据

工作场所无礼行为对教师工作投入的影响机制 / 郭菊著. --西安：西安电子科技大学出版社，2023.12
ISBN 978-7-5606-7097-3

Ⅰ.①工… Ⅱ.①郭… Ⅲ.①教育工作—研究—中国 Ⅳ.①G4

中国国家版本馆 CIP 数据核字(2023)第 200180 号

策　　划　刘小莉
责任编辑　刘小莉
出版发行　西安电子科技大学出版社(西安市太白南路 2 号)
电　　话　(029) 88202421　88201467　　　　邮　　编　710071
网　　址　www.xduph.com　　　　　　　　电子邮箱　xdupfxb001@163.com
经　　销　新华书店
印刷单位　西安日报社印务中心
版　　次　2023 年 12 月第 1 版　2023 年 12 月第 1 次印刷
开　　本　787 毫米×1092 毫米　1/16　印张 11
字　　数　205 千字
定　　价　39.00 元
ISBN　978-7-5606-7097-3 / G

XDUP 7399001-1
如有印装问题可调换

作 者 简 介

　　郭菊　成都信息工程大学管理学院教师，西南交通大学管理学博士，主要研究方向为行为科学与决策、人力资源管理以及创新与创业。以第一作者、通讯作者在国际和国内期刊发表学术论文 10 余篇，其中 4 篇为 SSCI 期刊收录论文(其中 1 篇为 ABS 2 星期刊论文，1 篇为 JCR 1 区期刊论文)；主持 1 项教育部人文社会科学研究项目、1 项四川省哲学社会科学基金项目以及 2 项厅级项目(四川省高校人文社科重点研究基地气象灾害预测预警与应急管理研究中心一般项目和四川省社科重点研究基地四川网络文化研究中心一般项目)，主研 1 项全国教育科学规划项目；受邀担任 SSCI 期刊 *European Journal of Work and Organizational Psychology*、*British Journal of Management*、*Personnel Review*、*International Journal of Manpower*、*Asia Pacific Journal of Education* 的审稿专家；担任 2023 年全国高校商业精英挑战赛创新创业竞赛指导教师，指导成都信息工程大学"精英队"获全国二等奖。

前　言

在我国高等教育规模迅速扩大的时代背景下，民办高等教育已成为学历教育体系的重要组成部分。新修订的《中华人民共和国民办教育促进法》为民办高等教育事业的发展提供了更多条件与契机，也对民办高等教育质量提出了更高要求。民办高校教师的工作投入程度与教育质量密切相关，而工作场所无礼行为作为一种影响工作投入程度的消极因素，值得引起业界和学界的高度重视。

虽然工作场所无礼行为的相关研究越来越多，如关于工作场所无礼行为类型及测量的研究、关于工作场所无礼行为螺旋升级模式及溢出效应的研究等，但这些研究大多以企事业单位、酒店服务行业、医疗卫生组织等为研究背景，较少以学校特别是民办高校为研究背景，也鲜有探索民办高校工作场所无礼行为对教师工作投入影响机制的研究。基于此，本书提出了以下问题：① 工作场所无礼行为对工作投入的直接效应如何？② 内部身份感知和组织认同在工作场所无礼行为对工作投入影响机制中的链式中介效应是否存在？③ 在不同自我感知可雇佣性情况下，工作场所无礼行为是如何通过内部身份感知和组织认同的链式中介路径影响工作投入的？④ 如何减少甚至杜绝民办高校工作场所无礼行为，提升教师工作投入程度？

为深入探究上述问题，本书对工作场所无礼行为、内部身份感知、组织认同、自我感知可雇佣性、工作投入等变量的相关研究进行了梳理和分析，然后以工作要求-资源模型为总理论基础，结合情感事件理论、组织成员身份理论及社会交换理论，提出了 18 组理论假设，并以内部身份感知和组织认同为中介变量，以自我感知可雇佣性为调节变量，构建了有调节的链式中介模型。

为验证理论假设及理论模型的合理性，作者通过与专家讨论、走访调研及问卷预测试等方式，编制了以民办高校教师为调查对象的 48 个测量题项的调查问卷。借助问卷星平台生成问卷链接或问卷二维码，通过知乎、腾讯 QQ、微信等平台发放问卷，最终收集到 517 份有效数据。作者借助 SPSS22.0、AMOS21.0 及 Process 程序等数理分析软件，对收集到的数据进行了正态分布检验、同源方差分析、信效度检验等数据质量分析，并采用独立样本 T 检验和单因素方差分析对各主要研究变量的差异性进行了检验，同时运用相关性分析及层次回归分析，借助 Process 程序中的模型 92(本研究的理论模型与该模型一致)，从实证角度验证了相关理论假设及有调节的链式中介模型的合理性。本书主要结论如下：

(1) 运用层次回归分析探讨了工作场所无礼行为的直接效应。结果表明，工作场所无礼行为对工作投入(活力、奉献、专注)、内部身份感知、组织认同具有显著的负向影响。

(2) 运用层次回归分析，借助 Process 程序，探讨了内部身份感知和组织认同的链式中介效应。结果表明，内部身份感知、组织认同在工作场所无礼行为对工作投入(活力、奉献、专注)影响关系中的简单中介效应成立，且两者在该影响关系中的链式中介效应也成立。

(3) 借助 SPSS22.0 统计软件，采用 Baron 和 Kenny(1986)的调节效应检验程序来验证自我感知可雇佣性在理论模型各路径间的调节作用。结果证实，自我感知可雇佣性在内部身份感知与组织认同、内部身份感知与活力、组织认同与活力之间的正向影响关系中起调节作用。

(4) 借助 Hayes(2013)的 Process 程序中的模型 92，采用样本数量为 5000、置信区间为 95%的 Bootstrap 法来验证有调节的链式中介效应。结果证实，自我感知可雇佣性对内部身份感知和组织认同在工作场所无礼行为与工作投入(活力、奉献、专注)影响关系中的链式中介效应起调节作用。具体而言，在高自我感知可雇佣性情况下，工作场所无礼行为通过内部身份感知和组织认同的链式中介效应对工作投入(活力、奉献、专注)的负向影响减弱。

本书通过构建有调节的链式中介模型，逐层深入地分析了在不同自我感知可雇佣性情况下工作场所无礼行为对教师工作投入的影响机制，此研究具有一定的理论贡献。此外，本书通过对实证研究结果的讨论，从政府、学校、个人三重主体视角，提出了宏观、中观、微观层面的减少工作场所无礼行为、提升教师工作投入程度的管理策略，对学校管理具有一定的实践指导意义。

本书在写作和出版过程中得到了许多人的帮助和支持，作者在此表示衷心感谢。特别感谢作者的博士生导师西南交通大学邱延峻教授，他在作者的研究和写作过程中给予了关心、支持和帮助。另外，非常感谢西安电子科技大学出版社刘小莉编辑和相关工作人员，他们为本书的出版付出了辛勤的劳动。

限于作者水平，书中难免存在不妥之处，敬请广大读者批评指正。

作　者

2023 年 8 月

目　录

第1章 绪 论

1.1 研究背景与问题提出

1.1.1 研究背景

随着《中华人民共和国民办教育促进法》的颁布与实施，民办高校得以快速发展。它们有效整合了社会力量与资金，从而节省了大量财政性教育经费；同时，它们也适应了现代化建设对人才的需求，培养了大批社会所需的各级各类人才。这充分体现了民办高校的重要性。教师的工作投入程度对民办高校重要性的体现起着关键作用，因此，探索民办高校工作场所无礼行为(Workplace Incivility)对教师工作投入的影响机制，并提出减少甚至杜绝工作场所无礼行为、提升教师工作投入程度的管理策略，对学校管理具有一定的实践指导意义。

1. 现实背景

工作场所无礼行为越来越常见，且产生了较多消极影响。Andersson 和 Pearson 于 1999 年将工作场所无礼行为定义为"强度低、伤害意图不明显、违背工作场所相互尊重这一基本规范的行为"。其特点是粗鲁无礼，不尊重他人，具体表现如：对他人充满敌意的眼神、凝视或冷笑；对他人作出无礼甚至侮辱的评论；把他人当作出气筒等(Pearson 和 Porath，2009)。工作场所无礼行为存在于各种行业各种组织中，如医疗卫生行业、上市公司、体育机构、酒店业、学术界、志愿者行业和非营利机构等。工作场所无礼行为已成为全球大多数员工面临的问题(Loh 等，2019)。调查研究表明，71%的法院工作人员(Cortina 等，2001)，75%的大学教职工(Cortina 和 Magley，2009)、79%的执法人员(Cortina 等，2004)和85%的护士(Lewis 和 Malecha，2011)都曾经历过工作场所无礼行为。Guo 等(2020)的研究发现，工作场所无礼行为在民办高校中比较常见，且对教职工的工作投入有显著的负向影响。此外，工作场所无礼行为受施者承担着巨大的人力成本。例如，他们可能会担心无礼行为遭遇，试图避开实施者而出现离职倾向，甚至将遭遇无礼行为的沮丧发泄到新的受施者身上(Porath 和 Pearson，2013)。

随着我国民办高校的不断发展壮大，其在增加高等教育供给、提高高等教育公平性、促进高等教育多样化发展等方面取得了明显成就，已成为高等教育事业的重要组成部分，是建成"教育强国"的有力补充。但是，民办高校办学历时较短，本身的文化底蕴和文化积淀不够深厚，易引发工作场所无礼行为，具体分析如下：

(1) 党建工作不够完善，教师群体和管理群体的理论水平及思想觉悟有待提高；民办高校处在发展的初级阶段，办学资源有限，对教师的培训投入不够，激励机制不尽完善，吸引优质师资的能力不足，以上方面构成工作场所无礼行为发生的现实因素。

(2) 独立法人地位更加明确，竞争更激烈，教师工作强度高、工作压力大，以上方面构成工作场所无礼行为发生的客观因素。

(3) 权益保障不全面，无礼行为受施者的维权意识薄弱，实施者的实施代价低，无形中增加了工作场所无礼行为出现的可能性。

(4) 小团体意识较浓，易影响教师内部身份感知水平，同时，用人机制及人事管理体制不够成熟，易影响教师组织认同水平，从而导致工作场所无礼行为出现的频次增加。

2. 理论背景

以往研究比较关注职场欺凌行为(Workplace Bullying)、人际偏差(Interpersonal Deviance)、越轨行为(Deviant Behaviour)等这些形式直接、伤害目的明显，对受施者造成严重身心伤害的行为，而忽视了工作场所无礼行为这类程度轻微、伤害目的不明确的行为，也没有意识到其对组织及个人可能造成的负面影响，而这些负面影响亟须业界及学界的关注。国内外关于工作场所无礼行为的探究历时较短，以往研究主要从个体层面和组织层面入手，发现了一些前因变量，但有关工作场所无礼行为对后果变量如工作投入(Work Engagement)、内部身份感知(Perceived Insider Status)、组织认同(Organizational Identification)等影响机制的研究有待深化。

此外，借助 Citespace(可视化文献分析软件)将 1998—2021 年 CSSCI(Chinese Social Sciences Citation Index，中文社会科学引文索引)数据库中关键词为"工作场所无礼行为""不文明行为""工作场所不文明行为"等的相关文献导入，进行关键词共现分析，可得到 258 个节点、310 条连线、网络密度为 0.0094 的图谱，见图 1-1(可扫二维码看彩图，下同)。将 2000—2021 年 SSCI(Social Sciences Citation Index，社会科学引文索引)数据库中关键词为"workplace incivility""incivility"等的相关文献导入，进行关键词共现分析，可得到 232 个节点、1210 条连线、网络密度为 0.0452 的图谱，见图 1-2。分析图 1-1 和图 1-2，可以发现工作场所、无礼行为、螺旋模式、渗透模式、incivility、work、impact、workplace、workplace incivility 等关键词出现较多，但通过对相关文献的梳理发现，以往关于工作场所无礼行为的研究较多关注企事业单位、医疗卫生行业、酒店服务行业、体育运动机构等，较少关注学校，更少关注民办高校，研究成果有待进一步丰富。

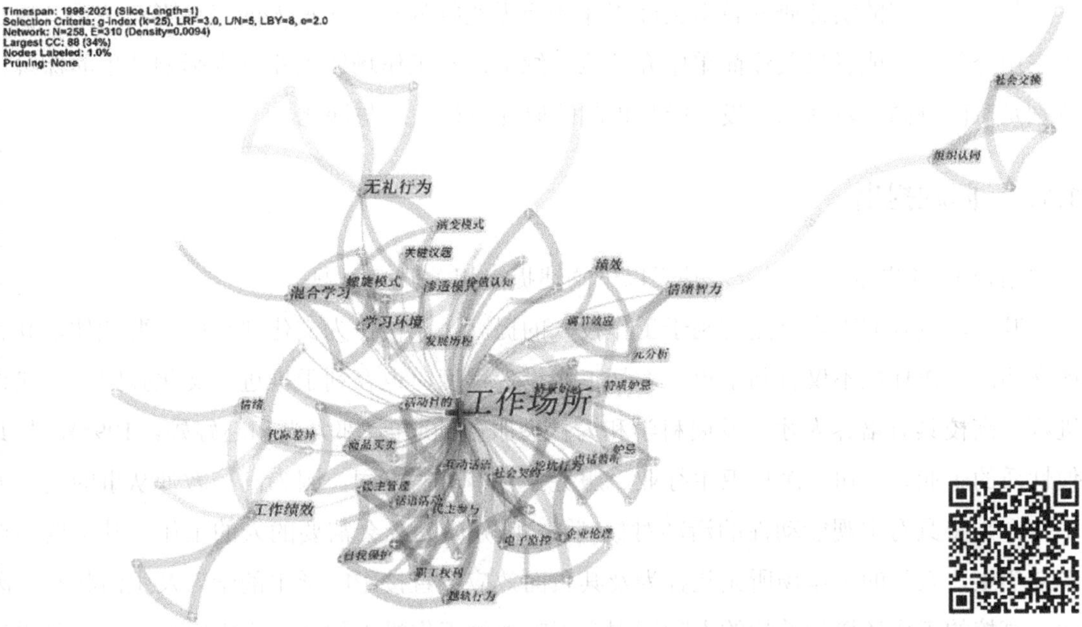

Timespan: 1998-2021 (Slice Length=1)
Selection Criteria: g-index (k=25), LRF=3.0, L/N=5, LBY=8, e=2.0
Network: N=258, E=310 (Density=0.0094)
Largest CC: 88 (34%)
Nodes Labeled: 1.0%
Pruning: None

图 1-1 基于 CSSCI 数据库"工作场所无礼行为"等关键词共现图谱

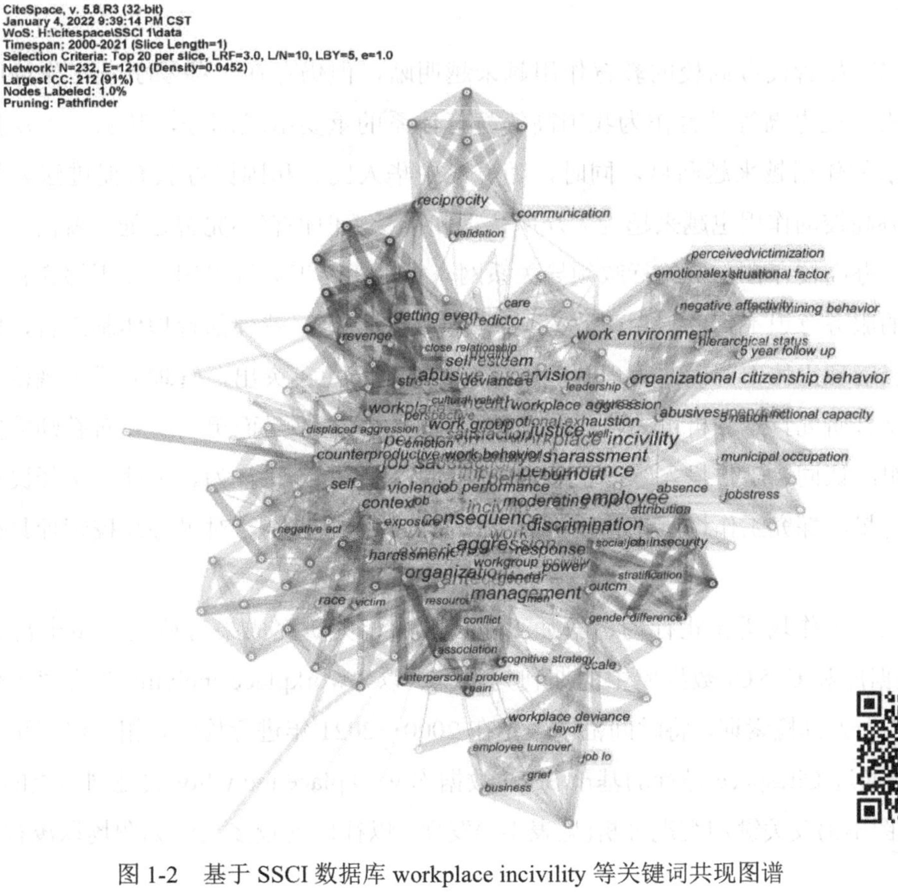

CiteSpace, v. 5.8.R3 (32-bit)
January 4, 2022 9:39:14 PM CST
WoS: H:\citespace\SSCI 1\data
Timespan: 2000-2021 (Slice Length=1)
Selection Criteria: Top 20 per slice, LRF=3.0, L/N=10, LBY=5, e=1.0
Network: N=232, E=1210 (Density=0.0452)
Largest CC: 212 (91%)
Nodes Labeled: 1.0%
Pruning: Pathfinder

图 1-2 基于 SSCI 数据库 workplace incivility 等关键词共现图谱

另外，已有的实证研究较多关注工作场所无礼行为对工作投入的直接影响关系，较少考虑中介效应，或者只关注简单中介效应。综上，对工作场所无礼行为影响结果的探讨，特别是对民办高校教师工作投入影响机制的研究亟待发展与深化。

1.1.2　问题提出

结合 1.1.1 节的研究背景，基于以下阐述提出相关研究问题。

其一，良好的工作氛围有利于工作投入的提高。高校作为文化建设的主要载体，其和谐文明的工作环境不仅有利于提升教师工作投入程度，也有利于推进"文化强国"的建设进程。高校具有培养人才、发展科学和为社会服务的职能(邬大光和赵婷婷，1995)，与其他性质的企业、公司、医疗卫生行业、服务业有本质的不同，因为高校教师从事的是育人工作，是将具有主观能动性的活动对象(学生)培养成为社会需要的人的工作，其主要面对者是学生，教师的工作场所无礼行为及其负面效应会直接影响学生的学习及生活状态。因此，高校的工作环境与教师的人际氛围会影响教师工作投入程度，进而影响人才培养质量及教与学的效率。由此，选择与其他组织性质不同的高校作为研究背景，具有一定的现实依据。

其二，尽管民办高校的教育作用越来越明晰，但仍存在一些易引发工作场所无礼行为的因素。民办高等教育作为我国高等教育体系的重要组成部分，其满足大众接受高等教育需求的作用越来越凸显，同时，随着《中华人民共和国民办教育促进法》的正式施行，民办高校的作用也越来越为大众所认识和接受，但仍有不完善之处。就内部管理体制而言，民办高校存在一定的行政领导关系网，党、团、工会等组织建设不够完善，职能管理部门的服务意识不到位，管理效率不高等方面的不足。就外部管理体制而言，民办高校存在上级管理主体不明确，管理制度不完善，管理特色不突出，管理方式不规范等方面的不足。结合研究背景分析可知，民办高校因自身的客观不足而更易引发对教师的内部身份感知、组织认同、工作投入等产生负向影响的工作场所无礼行为。因此，选择民办高校作为研究背景，探究工作场所无礼行为对工作投入的影响机制，对民办高校管理具有实践指导意义。

其三，工作场所无礼行为、教师工作投入的相关研究成果有待进一步丰富。本书以 SSCI 数据库和 CSSCI 数据库中的期刊为来源，以"workplace incivility"和"工作场所无礼行为"为关键检索词，将时间范围限定在 2000—2021 年进行检索，相关研究呈逐年增长态势，且通过 Citespace 进行的基于 SSCI 数据库 workplace incivility 关键词聚类的 Timeline 图谱(见图 1-3)及关键词突现分析(见表 1-1)发现，以往研究较多关注如职场欺凌行为、人际偏差、越轨行为等主题，直到 2019 年，关键词 workplace incivility 才出现较高的突变率，这说明对于该领域的研究需进一步丰富。

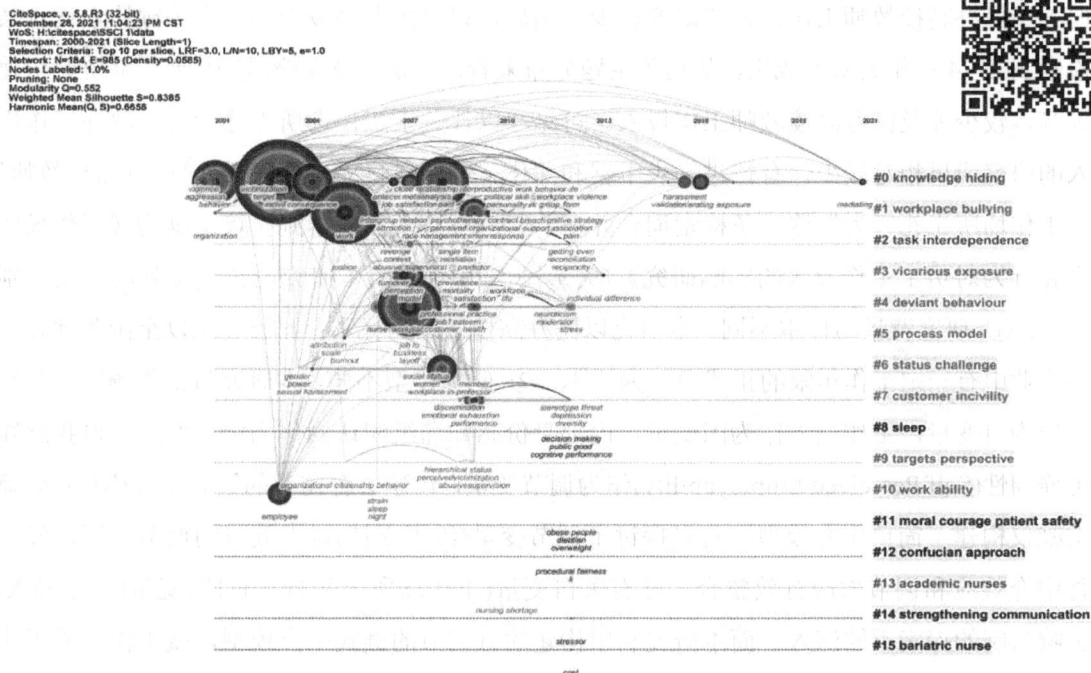

图 1-3 基于 SSCI 数据库 workplace incivility 关键词聚类 Timeline 图谱

表 1-1 2000—2021 年基于 SSCI 数据库工作场所无礼行为领域的关键词突现分析

关键词	强度	开始年份	结束年份	2000—2021
organization	3.9	2001	2011	
justice	3.82	2005	2011	
gender	3.34	2013	2015	
prevalence	3.7	2015	2017	
stress	5.33	2017	2021	
exposure	5.09	2017	2018	
emotional exhaustion	3.99	2017	2021	
health	3.21	2018	2019	
mediating role	6.21	2019	2021	
resource	5.61	2019	2021	
performance	5.43	2019	2021	
workplace incivility	4.38	2019	2021	

首先，以"工作投入"为关键检索词，共检索到 8141 篇相关研究成果，并且研究成果呈逐年增长趋势，从相关行业分布来看，主要涉及企业、护理行业等，虽有涉及教育行业，但关于民办高校教师工作投入的研究较少。然后，以"民办高校教师"为关键检索词，共检索到 2774 篇相关研究成果，从相关主题分布来看，主要涉及薪酬激励机制、师资队伍建设等，较少涉及民办高校教师工作投入。可见，以往关于工作场所无礼行为、教师工作投入的研究成果相对较少，有待进一步丰富和深化。最后，将"工作投入""民办高校教师""工作场所无礼行为"这三条检索词合并在一起进行检索，检索到一篇文献为《工作场所无礼行为对员工工作投入的影响研究》(关奉民，2014)，而本研究与该篇文献的主要区别在于：① 研究背景与样本不同。本研究以民办高校教师为样本；此篇文献以全国各地各类型企业中有一定工作年限的正式员工为样本。② 研究模型不同。本研究将工作场所无礼行为作为自变量，工作投入作为因变量，内部身份感知和组织认同作为中介变量，自我感知可雇佣性(Self Perceived Employability)作为调节变量，构建了有调节的链式中介模型；此篇文献仅构建了简单中介模型，且只探讨了调节变量(组织支持)对主效应的调节作用，没有将中介效应和调节效应有效整合，故有关自变量(工作场所无礼行为)对因变量(工作投入)影响机制的探索不够深入。而本研究利用构建的有调节的链式中介模型，就工作场所无礼行为对民办高校教师工作投入的影响机制进行了翔实、深刻的探索，进一步丰富了相关研究成果。

综上，民办高校教师的工作投入程度，不管是对教书育人的教师来说，还是对培养社会需要的人才、满足大众接受高等教育需求的民办高校来说，都有至关重要的作用，但学界对该领域的研究还不够丰富。因此，本书主要探索民办高校教师工作投入的影响因素，验证工作场所无礼行为对教师工作投入的影响机制，并提出有效的管理策略，以减少甚至杜绝工作场所无礼行为，营造和谐文明的工作氛围，提高教师工作投入程度。

基于民办高校管理的实践需求及文献研读情况，提出如下研究问题：

(1) 工作场所无礼行为对工作投入的直接效应如何？

(2) 内部身份感知和组织认同在工作场所无礼行为对工作投入影响机制中的链式中介效应是否存在？

(3) 在不同自我感知可雇佣性情况下，工作场所无礼行为是如何通过内部身份感知和组织认同的链式中介路径影响工作投入的？

(4) 如何减少甚至杜绝民办高校工作场所无礼行为、提升教师工作投入程度？

1.2　研　究　意　义

随着行为科学管理的发展，工作投入逐渐引起众多学者的关注，成为较新的研究话题。高水平的工作投入对组织行为和组织管理都具有重要意义，员工的工作投入程度不仅直接影响个人的工作绩效，也间接影响组织管理效率。目前就工作场所无礼行为对工作投入影响机制的研究相对较少，而针对民办高校工作场所无礼行为对教师工作投入影响机制的研究则更少。

1.2.1　理论意义

本研究的理论意义有如下三条：

其一，拓展了民办高校教师工作投入的影响因素研究。以往关于民办高校教师工作投入影响因素的研究大多从激励机制、组织支持感知、管理体制、工作满意度、组织承诺、事业编制等方面进行探索，较少关注工作场所无礼行为对工作投入的影响机制。工作场所无礼行为作为一种消极的人际行为，给受施者带来负向的人际体验，其负面影响也不言而喻。从管理研究服务于管理实践的角度出发，探讨工作场所无礼行为在民办高校工作环境中的影响结果，具有深刻的理论意义。本研究以工作要求-资源模型、组织成员身份理论、社会交换理论、情感事件理论等为理论依据，探讨民办高校工作场所无礼行为对教师工作投入的影响机制，既打开了工作场所无礼行为影响结果的研究思路，也拓展了工作投入前因变量的探索。

其二，构建了工作场所无礼行为通过链式中介作用影响工作投入的理论框架，揭示了其内在的影响机制。将内部身份感知和组织认同作为中介变量，自我感知可雇佣性作为调节变量，深刻阐述了工作场所无礼行为对民办高校教师工作投入的复杂影响机制。同时，结合工作要求-资源模型、组织成员身份理论、社会交换理论、情感事件理论等理论推导，构建了有调节的链式中介模型。采用文献研读法、问卷调查法、数理统计分析法等，探讨了工作场所无礼行为对工作投入的影响机制，并验证了18组理论假设，丰富了民办高校工作场所无礼行为和工作投入的研究成果。

其三，探讨了工作场所无礼行为影响工作投入的边界条件。引入调节变量(自我感知可雇佣性)，并检验其在工作场所无礼行为对内部身份感知的影响关系、工作场所无礼行为对组织认同的影响关系、内部身份感知对工作投入的影响关系、组织认同对工作投入的影响关系、内部身份感知对组织认同的影响关系中的调节作用。这不仅揭示了工作场所无礼行为影响民办高校教师工作投入程度的调节机制，也深刻诠释了工作投入程度受自我感知可雇佣性与工作场所无礼行为、内部身份感知、组织认同的交互影响，揭示了自我感知可雇佣性的边界效应。

1.2.2　实践意义

本研究的实践意义有如下两条：

其一，就民办高校组织层面而言，理解工作场所无礼行为对教师工作投入的负向影响机制，有利于民办高校管理者关注工作场所无礼行为的不利影响，采取针对性的管理措施，如进行文明干预培训、情绪疏导、团队文化建设等，帮助教师调整心态，灵活应对工作场所无礼行为，合理宣泄情绪，增强情绪调节能力，提升工作投入程度。此外，这也有助于民办高校营造和谐的工作氛围，提升教师的内部身份感知和组织认同，进而提升工作投入程度。

其二，就民办高校教师个人层面而言，了解工作场所无礼行为对个体心理和工作行为的负面影响机制，有助于在遭遇工作场所无礼行为时能够主动寻求相关帮助和支持，摆脱负面情绪困扰，控制消极工作行为倾向，避免工作投入受到影响。

1.3　研究目的与研究内容

1.3.1　研究目的

本书主要探索民办高校工作场所无礼行为对教师工作投入的影响机制。在以往研究成果的基础上，通过工作要求—资源模型、组织成员身份理论、社会交换理论、情感事件理论的推理，构建有调节的链式中介模型，并借助 SPSS22.0、Process 程序及 AMOS21.0 数据分析软件对理论假设及理论模型进行实证检验，以达到以下目的：

(1) 构建工作场所无礼行为对民办高校教师工作投入影响机制的理论模型。即以内部身份感知和组织认同为中介变量，以自我感知可雇佣性为调节变量，构建有调节的链式中介模型，并通过问卷调查法，结合数理统计分析，探索工作场所无礼行为对工作投入的影响机制，验证内部身份感知和组织认同的链式中介效应，探讨自我感知可雇佣性对链式中介效应的调节作用，揭示工作场所无礼行为影响工作投入的边界条件。

(2) 根据研究结果与讨论，从政府、学校、个人三重主体视角，在宏观、中观、微观层面为民办高校的行为科学管理实践提供切实可行的建议，从而达到减少甚至杜绝工作场所无礼行为、提升教师工作投入程度的目的。

1.3.2 研究内容

本书以我国民办高校为研究背景，以民办高校教师为研究对象，结合工作要求-资源模型、组织成员身份理论、社会交换理论、情感事件理论进行推理论证，提出了 18 组理论假设，构建了有调节的链式中介模型，并逐层深入地分析了工作场所无礼行为对民办高校教师工作投入的影响机制。其主要研究内容如下：

(1) 变量的基础理论阐述。通过对工作场所无礼行为、工作投入、内部身份感知、组织认同和自我感知可雇佣性等主要研究变量的文献回顾与梳理，结合民办高校管理情况，界定以上研究变量的概念，划分工作场所无礼行为与工作投入的结构维度，厘清民办高校教师工作投入的影响因素。

(2) 工作场所无礼行为对工作投入影响的理论模型研究。通过对工作要求-资源模型、组织成员身份理论、社会交换理论、情感事件理论等的理论阐述，采用演绎推理的方法构建工作场所无礼行为对工作投入的有调节的链式中介模型。具体逻辑层次为：

① 工作场所无礼行为对工作投入的直接效应探究；

② 内部身份感知和组织认同在工作场所无礼行为对工作投入影响关系间的链式中介效应探究；

③ 自我感知可雇佣性在工作场所无礼行为对工作投入各影响路径间的调节作用探究；

④ 自我感知可雇佣性对内部身份感知和组织认同的链式中介效应的调节作用探究。

(3) 工作场所无礼行为对工作投入影响机制的实证研究。借鉴国内外广泛使用的成熟量表，结合民办高校管理情况，确定主要研究变量的测量量表，设计调查问卷，对民办高校教师进行调查，并对收集到的数据进行正态分布检验、同源方差分析、量表的信效度检验等数据质量分析，同时借助 SPSS22.0、Process 程序及 AMOS21.0 等软件，运用相关性分析法、层次回归分析法和 Bootstrap 法来验证研究变量间的理论假设及理论模型的合理性。

(4) 提升民办高校教师工作投入程度的管理策略研究。结合理论与实证研究结果，从行为科学管理实践的角度，分三个层面(宏观的政策层面、中观的学校层面、微观的个人层面)探讨提高民办高校教师工作投入的管理策略。

根据以上研究内容，构建的研究框架如图 1-4 所示。

第1章　绪论

- 研究背景与问题提出
- 研究意义
- 研究目的与研究内容
- 研究方法与研究技术路线

第2章　理论基础和文献综述

- 工作要求—资源模型
- 情感事件理论
- 组织成员身份理论
- 社会交换理论
- 工作场所无礼行为
- 工作投入
- 内部身份感知
- 组织认同
- 自我感知可雇佣性

第3章　理论假设与理论模型构建

第4章　问卷设计与量表验证

- 问卷设计
- 数据质量分析

第5章　实证分析与假设检验

- 独立样本T检验和方差分析
- 描述性统计和相关性分析

第6章　结果讨论与管理启示

第7章　研究结论与展望

内部身份感知中介效应：内部身份感知 ← 工作场所无礼行为 → 工作投入

组织认同中介效应：组织认同 ← 工作场所无礼行为 → 工作投入

链式中介效应：内部身份感知、组织认同、工作场所无礼行为、工作投入

有调节的链式中介效应：内部身份感知、组织认同、工作场所无礼行为、工作投入、自我感知可雇佣性

直接效应检验

中介效应检验：简单中介效应检验、链式中介效应检验

有调节的链式中介效应检验

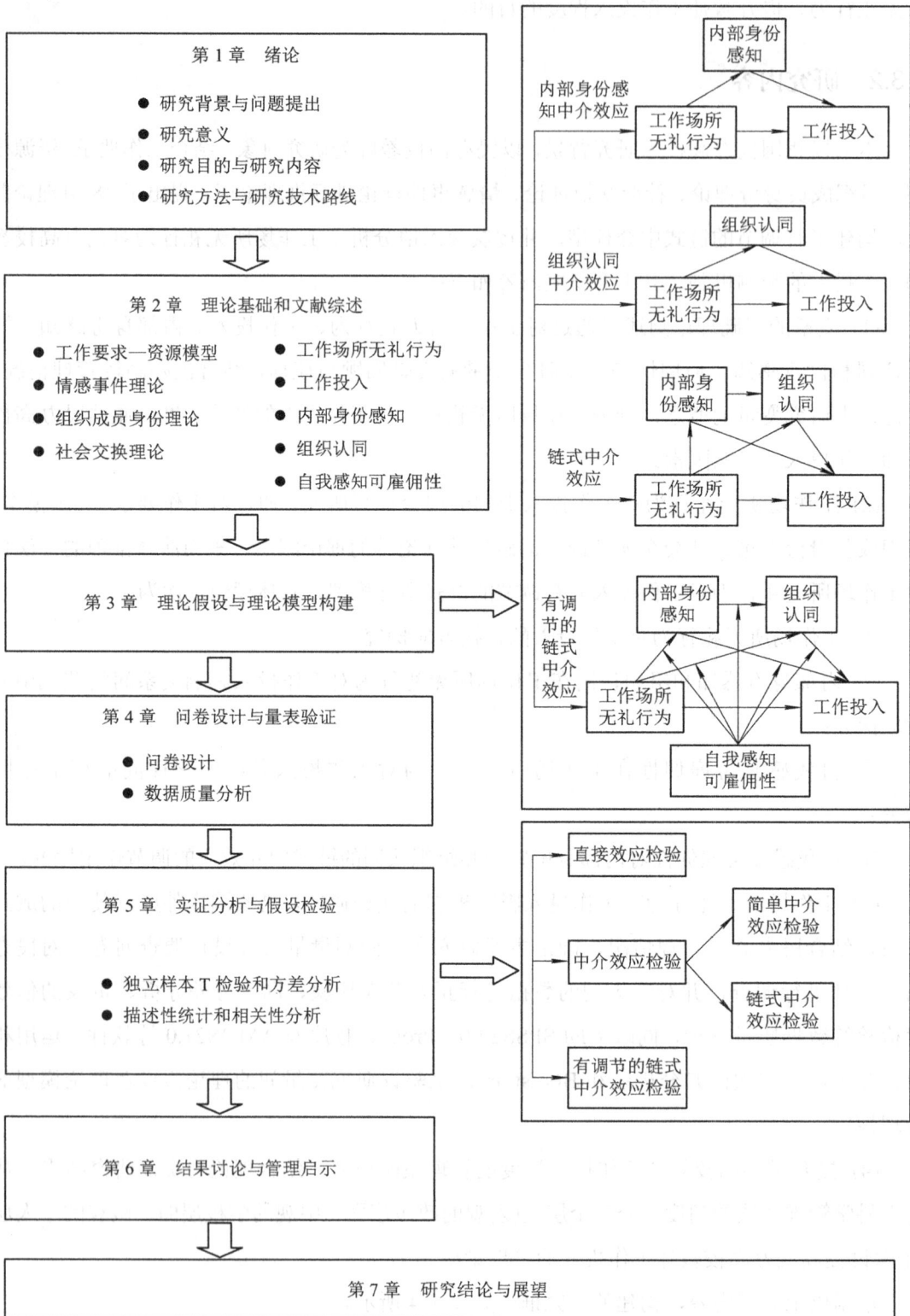

图1-4　研究框架

1.4　研究方法与研究技术路线

1.4.1　研究方法

本书基于理论推导,采用文献计量及分析、问卷调查、相关性分析、层次回归分析和 Bootstrap 方法等多种数理分析方法进行研究,具体内容如下:

(1) 文献计量及分析。作者利用学校图书馆数据库资源,通过 CNKI 中国引文数据库、中国博士学位论文全文数据库/中国优秀硕士学位论文全文数据库、CNKI 中国重要会议论文全文数据库、CSSCI 数据库、SSCI 数据库、Wiley Online Library 期刊数据库、Springer Link 电子图书数据库、Taylor & Francis 期刊数据库、Scopus、CPCI(Conference Proceedings Citation Index,会议录引文索引)、互联网资源(包含贴吧等论坛资源)等搜集国内外有关的文献资料;利用 Citespace 软件纵向对比分析不同时期有关工作场所无礼行为研究的热点,横向对比分析国内外学者的研究异同,为研究方向与内容的探究奠定基础;通过研读文献、分析和归纳整理,对含有主要变量的国内外相关研究进行梳理,为后续理论假设的提出、理论模型的构建及实证研究奠定文献基础。

(2) 问卷调查。借鉴已有的成熟量表,结合问卷设计前期的调研访谈,进行测量题项的设计,通过预测试进行问卷信效度检验,形成适用于本书研究情况的正式调查问卷。借助问卷星平台生成问卷链接或二维码,通过知乎、腾讯 QQ、微信等平台发放问卷并收集数据,为实证研究奠定数据基础。

(3) 相关性分析。采用相关性分析初步了解研究变量(工作场所无礼行为、内部身份感知、组织认同、自我感知可雇佣性和工作投入)间的相关程度,为后续层次回归分析奠定基础。

(4) 层次回归分析。采用层次回归分析法检验中介效应、链式中介效应和调节效应,考察工作场所无礼行为、内部身份感知、组织认同、自我感知可雇佣性和工作投入等变量间的因果关系。进行层次回归分析时,各模型中变量间的线性关系常通过回归系数显著性检验(T 检验)来判断,当回归系数在 0.05 水平上显著时,说明变量间具有线性关系。通过 F 值和 R^2 值判断模型的拟合度,如果 F 值小于临界值(0.05),则说明回归效果显著。R^2 值能反映自变量对因变量的解释程度,其范围为 0~1,R^2 值越接近 1,模型拟合得越好。

(5) Bootstrap 方法。采用 Preacher 和 Hayes(2008)的 Bootstrap 中介效应检验方法,该方法提供中介效应的 95% 置信区间估计。如果区间估计含有 0,则表示中介效应不显著;如果区间估计不含 0，则表示中介效应显著。

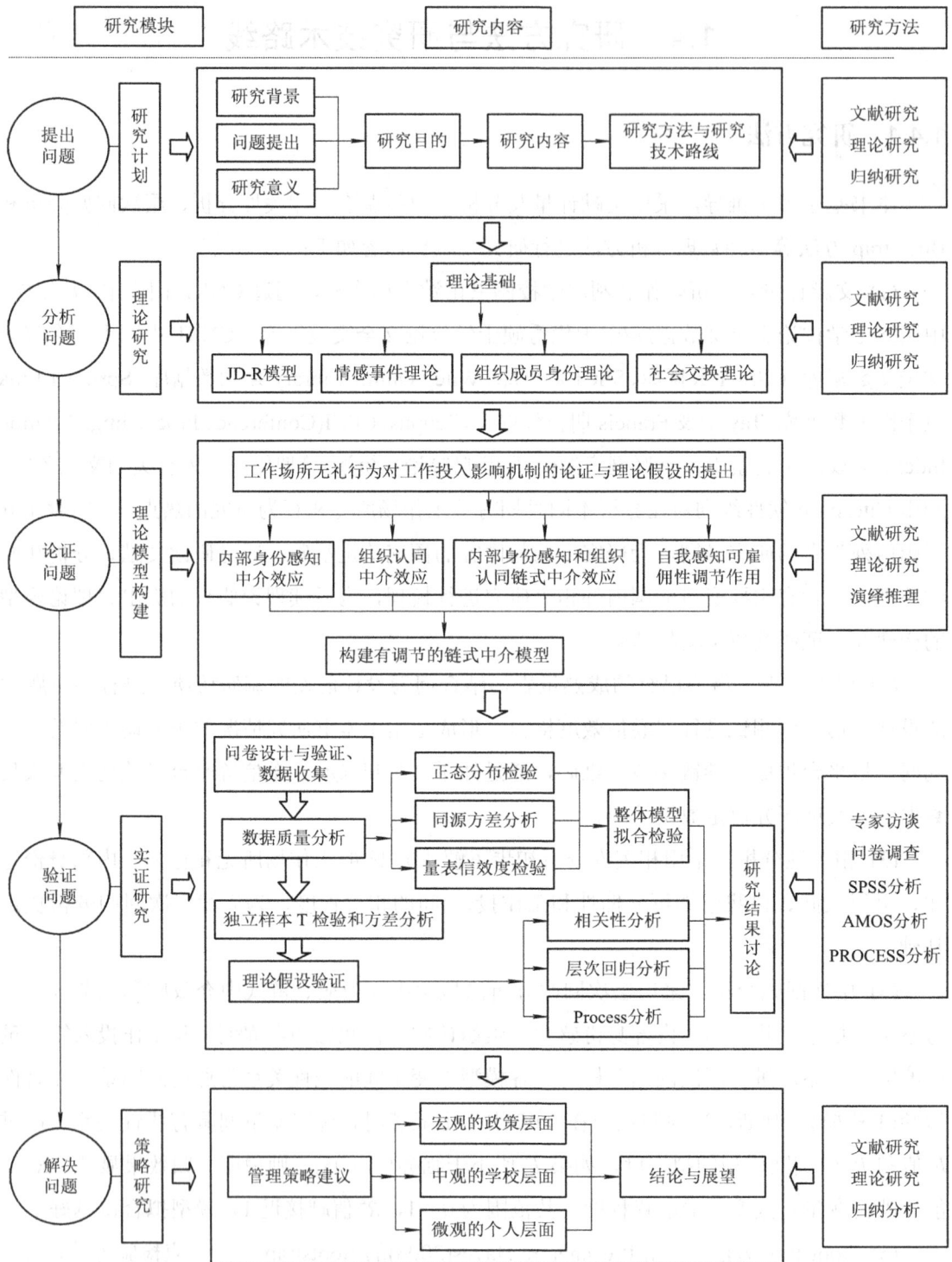

图 1-5　研究技术路线

1.4.2　研究技术路线

本书采用确定研究问题→厘清研究思路→构建理论模型→展开问卷调查→进行数据分析→讨论研究结果→提出实践策略的实证研究范式，设计了研究技术路线，主要包括研究计划、理论研究、理论模型构建、实证研究和策略研究等五个阶段，具体内容见图 1-5。

本 章 小 结

本章首先从研究背景(实践背景和理论背景)、问题提出和研究意义入手，阐述了选题的合理性；然后通过对研究目的与研究内容的分析，构思了研究框架；最后通过对研究方法的选择与分析，以提出问题→分析问题→论证问题→验证问题→解决问题的思路为理论引导，采用确定研究问题→厘清研究思路→构建理论模型→展开问卷调查→进行数据分析→讨论研究结果→提出实践策略的实证研究范式，设计了研究技术路线，并详细描述了实施路径与方案，为后续研究奠定了基础。

第2章　理论基础与文献综述

本章首先对工作要求-资源模型、情感事件理论、组织成员身份理论和社会交换理论进行梳理和阐述；然后采用文献回顾法、理论研究法对工作场所无礼行为、内部身份感知、组织认同、自我感知可雇佣性、工作投入等变量的相关研究成果进行梳理与评述，为探索工作场所无礼行为对民办高校教师工作投入的作用机制提供理论依据，为下一章研究假设的提出、理论模型的构建等奠定理论基础。

2.1　理　论　基　础

2.1.1　工作要求-资源模型

Demerouti 等人于 2001 年正式提出工作要求-资源模型(Job Demands-Resources Model，JD-R 模型)，该团队的 Bakker、Schaufeli 等人分别于 2004 年、2007 年、2014 年、2017 年对该模型进行了修正，其中 2007 版是目前最为成熟、应用最广的 JD-R 模型，其理论框架如图 2-1 所示。

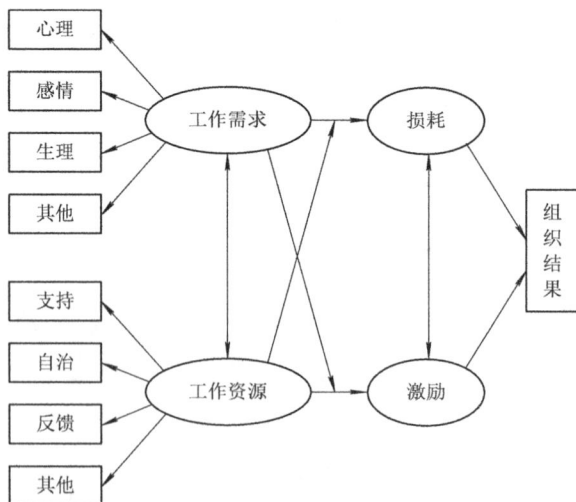

图 2-1　JD-R 模型(Bakker 和 Demerouti，2007)

JD-R 模型在教育、医疗、商业、服务等行业得到了广泛验证,研究主题主要涉及工作投入(白玉苓和张慧慧,2014;温玉娟,2020)、工作倦怠(黄杰等,2015)、工作满意度(刘舒榕,2015)、工作投入(Huynh 等,2012;郑思伟,2015;Langseth-Eide,2019)等方面,以及这些因素的前因及结果变量,涉及层面也从个人层面逐渐扩展到组织层面。该模型因其理论的灵活性及启发性而被学界广泛采用,由 Google 学术搜索关键词"JD-R 模型",结果显示截至 2021 年,关于该模型及其理论的系列文献已达 8000 余条。

1. 工作要求-资源模型的理论基础

资源保存理论(Conversation of Resources Theory,COR 理论)是 JD-R 模型的理论基础(唐杰和林志扬,2009)。Hobfoll 于 1989 年提出该理论,主要用来描述个体与社会环境之间资源的相互作用过程,即人类总是试图付出较少的资源获得一些有价值的资源来满足自我需求,从而达到资源平衡(徐长江和时勘,2003)。其基本假设是:个体总是有意识地积极维护、保存和建设自认为珍贵的资源,避免因可能的或实际的损失所产生的危害。Hobfoll(1989)将资源定义为"自身条件、个体特征及自身能量等对个体而言有价值的东西或是获得这些东西的方式方法",不但能满足个体自我需求,还可助其进行准确的自我识别和社会定位(Lee 和 Ashforth,1996)。

COR 理论的核心观点是:对于更有能力获得资源和拥有更多资源的个体而言,受资源损失的影响较小,反之亦然。这揭示了资源的损失螺旋(Loss Spiral)和增值螺旋(Gain Spiral)两种效应。前者是指缺乏资源的个体不但更易受到资源损失的影响而产生压力,而且会因压力的存在而使防止资源损失的投入大于预期收获,从而造成资源损失的速度加快;后者是指拥有充足资源的个体不但更有机会和能力获得更多资源,而且可从所得资源中获得更大的资源增量。但是,前者的形成速度往往慢于后者,所以资源拥有量少的人更易陷入资源损失螺旋中。工作场所无礼行为可引发教师资源的损耗,因为工作场所无礼行为遭遇会导致教师的内部身份感知、组织认同等资源的减少(Cortina 和 Magley,2009),而将更多精力投入到防止资源减少的活动中,影响工作投入。

2. 工作要求-资源模型内容

JD-R 模型是相当灵活的理论框架,因为任何工作环境及特征都可划分为工作要求和工作资源。前者是指对于精神、物质、组织或社会方面的需要保持持续不断身心努力的要求,因此会消耗一定的与生理与心理相关的资源如生理要求、工作压力、人际要求、情绪要求、角色识别、工作-家庭冲突、工作氛围等(Demerouti 等,2001;Bakker 等,2005)。根据 JD-R 模型,工作场所行为可视为组织的工作要求(Demrouti 等,2001),结合本书的具体研究情景,工作要求是指员工在工作场所的人际互动要求。后者是指工作中对于心理、物质、组织或社会方面的有助于工作目标的达成、工作要求的减缓、个体成长与发展等方面的资源，如薪酬待遇、工作掌控、职业发展及工作安全等(Demerouti 和 Bakker，2011)。Stelling 和 Cherniss(1980)指出，个体的工作动机受到工作资源的激发，进而出现良好的工作投入状态并产生积极的工作结果，因此工作投入的重要影响因素是工作资源。结合具体研究情景，本研究工作资源指民办高校教师的内部身份感知、组织认同及自我感知可雇佣性。

JD-R 模型是工作投入研究的重要理论基础之一，对深入研究工作投入的影响因素具有重要的指导意义。第一，根据 JD-R 模型对于工作要求和工作资源的内涵划分，可将工作场所无礼行为界定为工作要求，因为人际关系是 JD-R 模型中工作要求的元素之一，而工作场所无礼行为作为一种负向的人际互动，属于工作要求的范畴。同时，将内部身份感知、组织认同和自我感知可雇佣性界定为工作资源，因为这些因素可视为提升工作投入、促进工作目标实现的个体心理资源。第二，JD-R 模型的理论基础(COR 理论)能有效阐释工作场所无礼行为遭遇如何影响教师心理资源的流动趋势，进而有助于剖析工作场所无礼行为对工作投入的作用机制。

2.1.2　情感事件理论

Weiss 和 Cropanzano(1996)提出的情感事件理论(Affective Events Theory，AET)，旨在关注个体在工作环境中其情感反应的结构、原因及后果，该理论的核心观点是：良好/较差的工作环境特征会导致正面/负面的工作事件，而个体的体验会引发情感反应，进而影响工作态度与工作行为。个体的情感反应影响工作行为存在直接影响和通过工作态度间接影响这两条路径。该理论还将情感驱动行为和态度驱动行为这两类不同性质的行为进行了区分，前者是直接由情感反应驱动的工作行为，后者则是由情感反应先影响个体的工作态度，进而由这种态度驱动的工作行为，因此，该理论通过"工作事件→情感反应→工作态度→态度驱动行为"这一完整链条(见图 2-2)，系统地揭示了个体在不同的工作环境与工作事件中，其情感体验对工作态度及工作行为的作用机制。

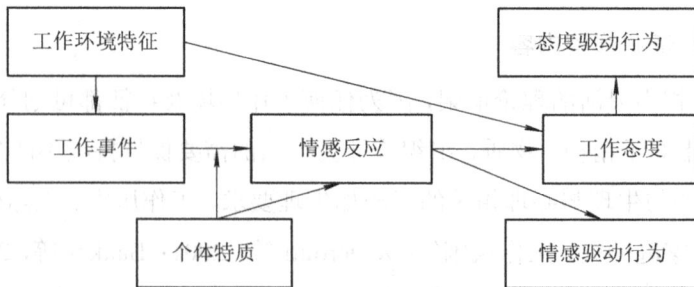

图 2-2　情感事件理论结构示意图(Weiss 和 Cropanzano，1996)

情感事件理论认为，情感事件是指引起个体产生短暂或长久情感反应的事件，正面情感事件会带来积极情绪反应，反之亦然。由此本研究推测，个体遭遇负面情感事件(如工作场所无礼行为)可能引发其消极情感体验，导致内部身份感知、组织认同等心理资源减少，进而影响工作投入程度。

2.1.3　组织成员身份理论

组织成员身份理论初见于 Masterson 和 Stamper(2003)的文献中，表示个体因组织成员身份而与组织产生的心理联系。综合以往文献来看，组织成员身份理论具有三种心理联系：即以成员身份赋予个体的权利和责任为起点，以个体追求成员身份的动机为基础，唤起个体对组织成员身份感知，从而反映其与组织间的整体关系，以便更好地预测其组织行为(见图 2-3)。该理论的观点如下：

(1) 个体在组织中的成员身份是其在该组织中的事实性包含，赋予个体相关的权利和责任，并传递其在组织中的地位。即组织通过提供相关的权利对个体施加影响，而个体通过承担相应的责任来呈现影响。

(2) 组织-成员关系强度的重要决定因素是个体内在的寻求组织成员身份的动机。具体通过满足个体需求、体现个体重要性和获得个体对组织的归属感等三大动机来强化其组织成员身份感知，进而建立与组织间的心理联系。

(3) 个体通过满足组织需求和增加组织投入两方面的责任承担，来增强其对组织成员身份的感知；而组织则通过满足个体的需求和体现其重要性两方面的权利赋予，来唤起个体的组织成员身份感知。

(4) 组织事实性包含但并不等同于组织成员身份感知。个体有可能事实性地处于组织中，但心理上却未唤起组织成员身份感知(赵红丹和汤先萍，2015)。个体的组织成员身份感知包括三个维度，即需求(Need)的满足、重要性(Importance)的体现和归属感(Belonging)的获得，其中需求的满足和重要性的体现对归属感的获得起着关键作用。

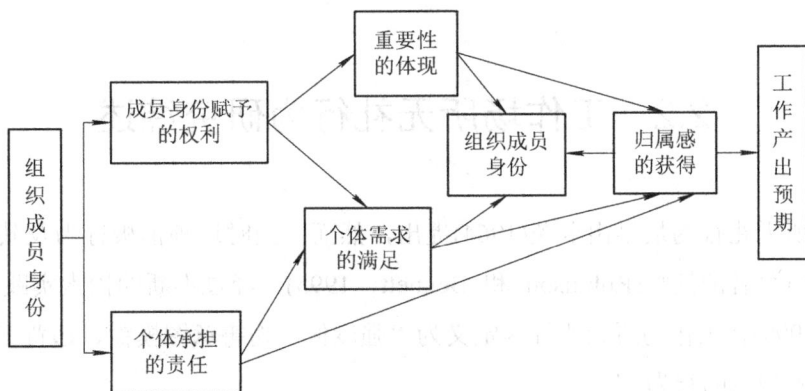

图 2-3　组织成员身份作用图(马冰，2015)

组织成员身份理论对本研究的指导意义在于：① 基于组织成员身份理论，能更深刻地阐释内部身份感知和组织认同的概念；② 运用该理论探索工作场所无礼行为→内部身份感知→组织认同→工作投入之间的影响关系，以及内部身份感知和组织认同在工作场所无礼行为对工作投入影响关系间的链式中介效应，为逐步开展从理论探索到实证检验的研究奠定了理论基础。

2.1.4　社会交换理论

社会交换理论(Social Exchange Theory，SET)自 20 世纪 20 年代起便广泛出现于诸如社会心理学(Homans，1958)、人类学(Firth，1967)和行为科学(Blau，1964)等各学科中，是解释工作行为的最有说服力的理论之一。依据社会交换理论模型，由工作场所的前因变量引起的人际互动关系，即社会交换关系(员工与上级的关系、员工与组织间的关系、员工群体与组织间的关系等)在管理学行为研究中一直备受关注。

社会交换理论的基础前提是个体总是希望最小化自己的付出，而最大化个人所得。因此，个体往往会根据一段关系带来的结果做出判断和评价，即个体通过比较与他人互动关系中获得的利益和付出的成本来评估这段关系的质量。个体的薪酬和其感受到的工作氛围及良好的人际互动关系等有形的、无形的东西均可视为其在某段社会交换关系中获得的利益。基于该理论的大多数研究认为，个体与组织间良好的社会交换关系会使个体产生积极的工作态度，表现正面的工作行为，进而给组织带来积极的工作结果(Weiss 和 Cropanzano，1996)。

综上，本研究引用社会交换理论的意义在于：① 其理论前提为解释工作场所无礼行为对工作投入水平的负向影响效应提供了理论依据；② 其理论内涵对工作场所中的人际互动具有指导意义；③ 其理论思想为内部身份感知、组织认同影响因素的探索提供了理论依据。

2.2　工作场所无礼行为研究综述

工作场所无礼行为最早由卡茨(1964)提出，然而，当时这种消极行为及其负面影响没有引起管理研究者的注意(Robinson 和 Bennett，1995)。经过不断的探索实践，Andersson 和 Pearson(1999)将工作场所无礼行为定义为"强度低、伤害意图模糊、违背工作场所相互尊重这一基本规范的行为。"

2.2.1　工作场所无礼行为的类型

通过对国内外相关文献的梳理，工作场所无礼行为主要分为三种类型：亲历型、实施型和目睹型无礼行为(Schilpzand 等，2016)。本书结合已有研究成果，对以上三种类型的解释为：① 亲历型无礼行为指受施者(B)在工作场所遭遇的来自实施者(A)的诸如轻视、打断谈话、大呼小叫等无礼行为。② 实施型无礼行为可从实施者(A)、受施者(B)和目睹者(C)三个视角理解。就前者而言，其指实施者(A)对受施者(B)做出的诸如充满敌意的眼神、凝视或冷笑，贬低的评价、无礼甚至侮辱的评论，怀疑其对于职责范围内的事情的判断能力等无礼行为[见图 2-4(a)]。就中者而言，其指受施者(B)出于还击而"以牙还牙"地针对实施者(A)做出的无礼行为，或基于"踢猫效应"进行报复转移，而针对新的受施者(D)做出的无礼行为[见图 2-4(b)]。就后者而言，其指目睹者(C)对受施者(B)出于"拔刀相助"式的同情而针对实施者(A)做出的无礼行为，或目睹者(C)模仿实施者(A)而针对新的受施者(D)做出的无礼行为[见图 2-4(c)]。③ 目睹型无礼行为指目睹者(C)观察到实施者(A)所做出的无礼行为或目睹受施者(B)所遭遇的无礼行为。本书以民办高校教师为对象，探究其在过去一年所遭遇的工作场所无礼行为对工作投入的影响，故本研究所指的工作场所无礼行为是亲历型无礼行为。

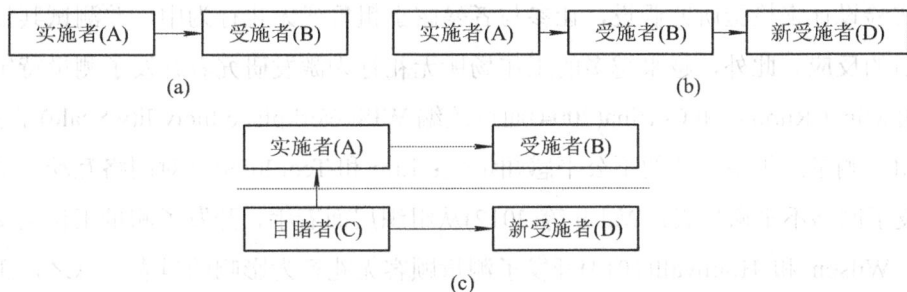

图 2-4　实施型无礼行为示意图

2.2.2　工作场所无礼行为的测量

国内外已有的工作场所无礼行为量表主要分为亲历型、实施型(见表 2-1)和目睹型无礼行为量表。前者从受施者角度，测量其受到的影响；中者从实施者与受施者两者的角度，测量引起实施型无礼行为的原因，以及受施者所受的影响；后者从目睹者角度，测量无礼行为对旁观者的影响。

表 2-1　工作场所无礼行为的测量类型

量 表 类 型	代表学者	维 度 划 分	测量对象
亲历型无礼行为量表 (Workplace Incivility Scale，WIS)	Cortina 等(2001)	单维度(7 个题项)	受施者
	Burnfield 等(2004)	8 维度(29 个题项)：敌对氛围、闲言碎语、不当玩笑、搭便车行为、打断行为、排斥行为、不当领导行为、不顾及他人感受	
	Martin 和 Hine (2005)	4 维度(20 个题项)：流言蜚语、排他行为、侵犯隐私、敌意对待	
	杜江明(2009)	4 维度(18 个题项)：工作无礼行为、人际无礼行为、环境无礼行为、领导无礼行为	
	刘嫦娥和戴万稳 (2012)	5 维度(17 个题项)：隐私侵犯、敌意对待、疏远孤立、背后造谣、职权滥用	
	Cortina 等(2013)	单维度(12 个题项)	
实施型无礼行为量表 (Instigated Workplace Incivility Scale)	Blau 和 Andersson (2005)	以人际越轨量表为基础，并"翻转"调整 WIS 的某些项目	实施者

关于目睹型无礼行为(Witnessed Workplace Incivility)的测量，学界尚未达成共识。有学者采用实验设计来检验研究假设，让参与者暴露于粗鲁或无礼行为中，并测试其目睹同伴的遭遇后的反应。此外，越来越多的工作场所无礼行为激发研究者开发了测量特定领域的量表。如 Miner-Rubino 和 Cortina(2004)通过改编 WIS(Workplace Incivility Scale)量表，开发了专门用于测量组织中女性的不公平感知量表；Lim 和 Teo(2009)针对网络互动中的无礼行为，开发了网络不平衡量表；Walsh 等(2012)从组织层面着手，开发了测量工作组文明规范的量表；Wilson 和 Holmvall(2013)开发了测量顾客无礼行为影响的量表。总之，工作场所无礼行为的测量越来越科学化、细致化，具体表现在：量表由单维度扩展到多维度；测量对象由受施者发展到实施者；时间跨度由 5 年缩短为 1 年。

2.2.3　工作场所无礼行为影响研究

1. 个体层面影响

本节从研究对象、研究的理论模型、个体层面的影响结果三方面入手，对以往的国内外工作场所无礼行为相关研究成果进行梳理。就研究对象而言，涉及多种职业多种行业的员工，主要包括联邦法院雇员(Cortina 等，2002；Miner-Rubino 和 Cortina，2004)，物业管理公司员工(Miner-Rubino 等，2011)，银行出纳员(Sliter 等，2011)，制造业员工(Li 等，2014)，医疗卫生人员(Leiter 等，2010，2011；Trudel 和 Reio，2011；Laschinger，2013)，大学教职工(Cortina 和 Magley，2009；Sakurai 和 Jex，2012)，呼叫中心员工(Scott 等，2013)，杂货连锁店员工(Walsh 等，2012)，零售员工(Kern 和 Grandey，2009)，军队成员、城市政府和执法机构员工(Cortina 等，2001)，律师(Cortina 和 Magley，2009)，工程公司员工(Adams 和 Webster，2013)，金融服务机构员工(Lim 和 Teo，2009)，服务员(Diefendorff 和 Croyle，2008)，制药厂员工(Blau，2007)，以及企业员工(关奉民，2014；刘嫦娥等，2019)。因此，已有的工作场所无礼行为研究涉及不同行业和职业的研究对象，虽然也有涉及教育行业，但鲜有以民办高校教师为对象的研究。故本书以民办高校为研究背景，选取民办高校教师为研究对象，在一定程度上可丰富该领域的研究视角。

就研究的理论模型而言，以往关于工作场所无礼行为的研究主要从影响结果或影响因素两方面进行，即将其作为理论模型的自变量或因变量进行探讨。前者的主要代表有 Diefendorff 和 Croyle(2008)将期望动机、情绪劳动，Cameron 和 Webster(2011)将情感信任，Ferguson(2012)将工作—家庭冲突、婚姻满意度，Cortina 等(2013)将离职意图，Giumetti 等(2013)将情感、社交能量、任务绩效视为因变量，探讨工作场所无礼行为对以上变量的作用机制。后者的主要代表有 Cortina 等(2001)将性别，Cameron 和 Webster(2011)将人际交流，Trudel 和 Reio(2011)、Harold 和 Holtz(2015)将领导方式，Lim 和 Lee(2011)将年龄和性别，Sliter 等(2011)和 Cortina 等(2013)将性别和种族，Taylor 等(2012)将角色冲突，Leiter 等(2011，2012)将文明干预，刘嫦娥等(2009)将大五人格特征，作为工作场所无礼行为的影响因素。本书在以往研究成果基础上，将工作场所无礼行为作为理论模型的自变量，探索其对民办高校教师工作投入的作用机制，可丰富该领域的研究成果。

就工作场所无礼行为对个体的影响结果而言，梳理以往研究，可归纳为以下三方面的影响：① 影响情感，如情绪劳动(Adams 和 Webster，2013；Sliter 等，2010)、情绪耗竭(Kern 和 Grandey，2009；Sliter 等，2010)、抑郁症(Lim 和 Lee，2011；Miner-Rubino 等，2011)、消极情绪(Kim 和 Shapiro，2008；Sakurai 和 Jex，2012；严瑜和王轶鸣，2016)、情感信任(Cameron 和 Webster，2011)、情绪反应(严瑜等，2014)等。② 影响认知态度，如组织承诺水平降低(Lim 和 Teo，2009)、工作动力减少(Sakurai 和 Jex，2012)、工作满意度下降(Cortina 等，2001；Lim 等，2008；Miner-Rubino 和 Reed，2011；Wilson 和 Holmvall，2013)、对主管和同事满意度偏低(Bunk 和 Magley，2013)。Pearson 等(2000)研究表明，遭遇无礼行为的员工，有四分之一以上会故意减少工作投入，三分之一以上会降低情感性组织承诺。③ 影响工作行为，如工作绩效降低(Porath 和 Erez，2009；刘嫦娥和丁洪涛，2010；Sliter 等，2010；

Giumetti 等，2013)、创造力降低(Porath 和 Erez，2009；刘嫦娥等，2018)、组织公民行为减少(Porath 和 Erez，2009；Taylor 等，2012；夏宇寰等，2019)。有研究表明，无礼行为经历与工作投入(Chen 等，2013；关奉民，2014；刘嫦娥等，2019)、职业突显性(Lim 和 Teo，2009)、出勤率(Sliter 等，2010)等负相关。

2. 组织层面影响

工作场所无礼行为通过影响组织经济效益而影响组织绩效。由工作场所无礼行为引起的利润流失、医疗费用、诉讼费用和员工补偿等(Porath 和 Pearson，2013)，导致组织的财务绩效下降。多项研究均表明，遭遇工作场所无礼行为的员工的工作质量会降低、实际工作时间和工作投入会减少等。Porath 和 Pearson(2013)通过对 17 个职业领域的 800 余名员工的调查表明，遭遇工作场所无礼行为的员工中，48%工作努力程度降低，47%工作投入减少，38%工作质量降低，12%选择离职。因此，工作场所无礼行为负向影响了组织经济效益，进而影响到组织绩效。

工作场所无礼行为通过影响工作环境而影响组织绩效。工作场所无礼行为使工作环境变得不愉快，处于这样工作氛围中的员工会排斥最大化努力甚至什么都不做，这时，工作场所无礼行为的影响也会波及其他员工身上(Stamper 等，2002)。Stamper 等(2002)的研究表明，当组织成员间的关系因工作场所无礼行为变得糟糕时，管理层又忽视工作场所无礼行为的负向影响，员工逃离工作的频率会变高。当组织成员担心再次遭遇工作场所无礼行为时，就可能出现缺勤率增加和劳动生产率降低的情况。Griffin(2010)的实证研究指出，组织层次的无礼行为负向影响人际公平氛围，即组织内工作场所无礼行为出现的频率越高，组织成员感知的人际公平氛围越低。

工作场所无礼行为通过影响组织成员的创造力而影响组织绩效。Sharifirad(2016)基于创造力组成理论探索上级无礼行为与组织创新绩效间的影响关系，发现领导无礼行为通过影响员工创造力形成过程而对团队创新绩效产生直接的负向影响，并通过负向影响员工的知识共享意愿而间接降低组织创新绩效。工作场所无礼行为对组织的其他影响还可能包括目睹者模仿实施者而对新的受施者实施无礼行为，特别是当这种行为没有引起组织管理者的注意而免受惩罚的时候(Porath 和 Pearson，2013)。

3. 社会层面影响

工作场所无礼行为的消极影响会渗透到婚姻家庭中。刘银华(2019)指出，工作场所无礼行为作为一种压力源，会对员工的生活产生消极影响，导致对家庭领域的投入程度降低。这种由工作场所无礼行为引起的压力从工作场所传递到家庭领域的连锁反应，就是工作场所无礼行为的压力传导。这种情况下，工作场所无礼行为对于员工工作领域中的角色来说是直接压力源，对于家庭领域中的角色及其家庭成员来说则是间接压力源。工作场所无礼行为通过负向影响组织成员的情绪，进而对员工的婚姻满意度和家庭幸福感造成消极影响。

工作场所无礼行为会引发人际矛盾。工作场所无礼行为会造成员工角色外行为的减少，如组织公民行为、建言行为的减少，严重的还会造成受施者与实施者之外的成员间的矛盾。因为遭遇工作场所无礼行为的员工比较敏感，可能会对其他人无意的玩笑或话语产生误解，引发人际矛盾。

Schilpzand 等(2016)研究发现，工作场所无礼行为受施者更容易出现愤怒、害怕等情绪反应，进而影响自己的行为反应，增加了实施无礼行为的可能性，导致工作场所无礼行为的螺旋升级；Meier 和 Gross(2015)的研究表明，工作场所无礼行为在一定程度上负向影响受施者的幸福感和生活满意度，甚至可能引发受施者不同程度的反社会行为。

2.2.4　工作场所无礼行为研究述评

工作场所无礼行为从提出至今已有 20 余年的历程，在此期间，学者们对其研究日益深入，不仅探究了来自上司、同事、下属等不同来源的工作场所无礼行为，而且扩展了其研究外延，如网络无礼行为、顾客无礼行为，甚至家庭无礼行为等，得出了许多有价值的研究结论。此外，对工作场所无礼行为的结果变量也进行了广泛的探索，包括对受施者以及目睹者身心健康、工作态度和工作行为方面的影响。尽管已有不少研究成果，但该领域的研究仍有以下几方面需要引起进一步的关注。

(1) 学界对工作场所无礼行为研究的重视度不够。本书以"incivility behavior""workplace incivility""无礼行为""工作场所无礼行为"为检索词，以 1999—2020 年为时间段，利用国内外知名期刊数据库如 CNKI、SSCI、Science Direct、Springer、Scopus、Taylor & Francis、Wiley Online Library 等进行检索，发现相关研究文献并不多。因此，有关工作场所无礼行为的研究还没有引起学术界学者、组织行为领域相关专家、行为科学管理者的足够重视。

(2) 工作场所无礼行为的研究领域有待进一步拓展。以往国内外学者的研究成果主要集中在以下几个领域：企业组织(严瑜和李彤，2018；刘嫦娥等，2018)、医疗卫生行业(Hoffman 和 Chunta，2015)、酒店服务业(占小军，2017)，以及教育行业(Ismail 和 Ali，2016；Alt 和 Itzkovich，2016)。尽管以往有研究关注工作场所无礼行为在教育行业中的负面影响，但很少关注其对民办高校教师的消极作用，也很少涉及内部身份感知、组织认同的链式中介作用，更少关注由自我感知可雇佣性调节的链式中介效应在工作场所无礼行为与民办高校教师工作投入关系间的影响机制。因此,本书以内部身份感知、组织认同为中介变量,以自我感知可雇佣性为链式中介效应的调节变量,探索工作场所无礼行为对工作投入的作用机制,可丰富已有研究成果。

(3) 工作场所无礼行为作用机制有待进一步探索。本书通过梳理 1999—2021 年的相关文献发现,该领域以往研究主要关注工作场所无礼行为对受施者身心健康和工作状态(工作满意度、离职倾向等)的影响机制,主要运用实验法、问卷法、访谈法等展开研究,而对其影响路径中的中介作用、链式中介作用、调节作用、有调节的链式中介作用等作用机制的探究还比较少,因此,本书就工作场所无礼行为对工作投入有调节的链式中介作用机制的探究具有一定现实意义。

(4) 工作场所无礼行为的研究层面有待进一步拓展。通过文献检索和梳理发现,工作场所无礼行为在组织层面、社会层面的前因变量和结果变量的研究相对较少。对于工作场所无礼行为影响因素的研究,学界较多关注个体层面的人口统计学变量;对于工作场所无礼行为影响结果的研究,较多关注个体的心理健康、身体健康和工作健康等变量,而对工作投入的影响研究较少,此外,对于组织层面的组织氛围、组织绩效和组织变革等结果变量的研究也非常少。经文献梳理还发现,对于工作场所无礼行为的影响因素及影响结果的研究较多集中于理论推演层面,实证研究较少。因此,本书就工作场所无礼行为对个体层面工作投入作用机制进行实证研究,可丰富该领域的研究层面。

本书通过文献梳理发现,以往关于工作场所无礼行为的研究虽然涉及的领域较多,但较少关注民办高校;虽然也有研究将工作场所无礼行为作为自变量构建理论模型以探讨其对工作投入的作用机制(Pearson 等,2000;Chen 等,2013;关奉民,2014;刘嫦娥等,2019),但不够深刻。因此,本书在以往研究基础上,将工作场所无礼行为视为理论模型的自变量,并以民办高校为研究背景,其教职工为研究对象,引入内部身份感知、组织认同和自我感知可雇佣性,构建有调节的链式中介模型,可更深刻地剖析工作场所无礼行为对工作投入的作用机制。

2.3 工作投入研究综述

2.3.1 工作投入的内涵

"投入"概念(Engagement)首先出现于工商业界,并被用于盖洛普公司开发的盖洛普工作场所调查量表(Gallup Workplace Audit),以测量企业员工的工作状态(Harter 等,2002),

之后,"投入"这一概念才引起学术界的关注。而对于工作投入内涵和结构的理解,学界还没有达成共识,很多学者采用不同的方法从不同的视角对其含义和结构进行解释(见表 2-2)。

表 2-2　工作投入的概念研究

研究视角	代表学者	内　涵
工作角色视角	Kahn(1990)	组织成员通过控制自我以使自己融入工作角色中
	Rothbard(2001)	工作投入包括注意力和专注的二维结构
个体特质与状态相结合视角	Britt 等(2001)	工作投入是个体对自身工作产生的责任感、并愿意做出承诺,同时自身的工作行为与工作绩效存在重大关联
	Schaufeli 等(2002)	工作投入是一种积极、饱满的与工作相关的情感和认知状态,以活力(Vigor)、奉献(Dedication)和专注(Absorption)为特征
	Macey 和 Schneider (2010)	工作投入是一种包含卷入、承诺、激情、热情、专注和活力等特征的有组织性目的的理想状态
	Christian 等(2011)	工作投入是一种将自身全部能量同时运用于工作活动中的相对持久的精神状态
与职业倦怠相关的视角	Maslach 等(2001)	工作投入和工作倦怠在一定情况下存在着相互转换的关联性

目前,学术界主流关于工作投入的界定,主要采用 Schaufeli 等(2002)提出的相对全面且能够得到数据验证的概念(见表 2-2)。如 Schaufeli 和 Bakker(2004)等根据工作投入定义编制的 Utrecht 工作投入量表(the Utrecht Work Engagement Scale,简称 UWES),被广泛引用;张轶文和甘怡群(2005)也对工作投入三因素量表进行了信效度检验,各分量表具有良好的信效度。因此,本书也以 Schaufeli 等(2002)的工作投入(活力、奉献、专注)三因素观点为基础展开研究,活力是指个体精力充沛,且有积极面对并解决困难的坚定意志,愿意保持源源不断的动力而努力工作;奉献则体现出强烈的工作投入感,会对工作本身保持高度的热情和自豪感并愿意投入其中;专注则体现为个体能保持长时间全身心地投入工作中,且具有较高的工作效能。

2.3.2　工作投入的维度和测量

工作投入概念提出以后,学者们开发出了多种测量问卷,用以测量工作投入在个体层面及组织层面的影响,进而探讨其与各种影响因素间的关系(见表 2-3)。

表 2-3　工作投入维度一览表

维度划分	代 表 人 物	维 度 划 分
三维度	Kahn(1990)	生理维度、认知维度、情绪维度
	Maslach 等(2001)	个体耗竭、专业效能感、玩世不恭
	Britt 等(2001)	责任感、承诺和绩效影响知觉
	Schaufeli 等(2002，2006)	活力、奉献、专注
	盛建森(2006)	工作重要性、工作乐趣和工作专注
	张彬和陈加洲(2009)	情感、精力、兴趣投入
四维度	徐艳和朱永新(2003)	兴趣导向、心理认同、工作热忱、积极参与
	陈润龙(2007)	奉献、兴趣、专注、活力

Schaufeli 等(2002)为实现独立测量工作投入的目标，开发了包括活力、奉献和专注三个分量表的 Utrecht 工作投入量表，共 17 个测量条目，其信效度良好，已成为国外广泛用于测量工作投入的实证研究工具之一。国内学者张轶文和甘怡群(2005)对工作投入量表的中文版进行了修订和验证，结果表明其信效度良好，适用于国内相关研究。Schaufeli 等(2006)将 UWES 量表的测量题项从 17 个条目缩减为 9 个条目，形成 Utrecht 工作投入量表(UWES-9)，验证性因子分析表明其信效度良好，且具有较好的跨文化适用性(Bakker 等，2008)。因此，本书对于民办高校教师工作投入的测量也采用 Schaufeli(2006)等提出的 UWES-9 量表，该量表包括活力、奉献和专注三个维度。

2.3.3　工作投入的影响因素

工作要求-资源模型(JD-R 模型)(Bakker 和 Demerouti，2008)认为个体的工作条件(Work Condition)可分为要求和资源两种类型，资源又分为工作资源和个人资源。该模型为工作投入影响因素分析提供了强有力的解释框架，因此，本节以此模型为框架就工作投入的影响因素，从工作资源、个人资源、工作要求三方面进行文献综述。

1. 工作资源的影响

学界有很多研究也证实了工作资源对工作投入有正向影响作用。如 Maslach(2001)发现，个体的工作绩效控制感、个体—工作匹配度及明确的绩效指导方针等正向影响工作投入；Hakanen 等(2006)也认为工作资源的可得性及绩效反馈能激发员工的工作投入度，陈阳(2020)也得出绩效反馈正向影响工作投入的研究结论；Schaufeli 和 Bakker(2004)研究发现，社会支持、工作信息、工作控制、工作绩效反馈、监督引导、创新气氛和工作氛围等工作资源正向影响工作投入(活力、奉献和专注)；张轶文和甘怡群(2005)、李金波等(2006)、李锐和凌文栓(2007)也认为，组织支持感知、组织公平感知对工作投入具有显著的正向预测力；Chen C F 和 Chen S C(2012)指出工作资源正向影响工作投入；Liao F Y 等(2013)发现团队-成员交换关系正向影响工作投入，De Oliveira 和 da Silva(2015)也指出高绩效工作系统和领导-成员交换质量对工作投入有正向影响作用。

2. 个人资源的影响

除了工作资源，个人资源也是工作投入的影响因素。根据 COR 理论，个人资源有广义和狭义之分，广义的个人资源包括身体层面(如身体素质)、认知层面(如组织认同)、心理层面(如内部身份感知和自我效能感)和社会层面(如人际关系)的可利用资源；狭义的个人资源是与心理弹性有关的积极自我评价，指个体对自己成功控制和影响环境的能力的感知。以往很多研究证实了个人资源与工作投入间的正向相关关系。如 Kataria 等(2013)认为心理气氛显著正向影响工作投入；时勘等(2015)指出，组织认同对工作投入有正向影响；姜侗彤(2019)通过对幼儿教师的研究发现，职业认同正向影响工作投入，且组织认同在两者的影响关系间起正向调节作用，郭云贵和张丽华(2016)指出，组织认同在组织社会化对工作投入的影响关系间起中介作用。

3. 工作要求的影响

工作要求也是工作投入的重要影响因素。根据以往学界对 JD-R 模型中工作要求的探索与研究，工作要求主要包括工作负荷(Demerouti 等，2001；Bakker 等，2003；Schaufeli 等，2004；Xanthopoulou 等，2009；高明星，2017)、工作环境(鞠鑫和邵来成，2004；高明星，2017；佟瑞鹏和杨校毅，2018；Trimboli 等，2019)、工作—家庭冲突(Schaufeli 等，2006；Bakker 等，2005；郑思伟，2015)、角色冲突、情绪要求(Schaufeli 等，2006；Bakker 等，2005；Xanthopoulou 等，2009；郑思伟，2015)、工作不安全感、组织变革(Xanthopoulou 等，2009)、身心健康(Bakker 等，2005；高明星，2017；佟瑞鹏和杨校毅，2018)等对组织成员身体、心理、社会或组织方面的要求。结合本书的研究实际，本节就工作氛围中的无礼行为对工作投入影响的相关研究进行梳理，发现研究成果较少，虽然也有学者进行了一定的探索，如关奉民(2014)、刘嫦娥等(2019)通过对企业员工的研究，温弗乐等(2019)通过对实习护士的研究，发现工作场所无礼行为负向影响工作投入；Hosseinpour-Dalenjan(2017)通过对护士群体的研究发现，工作投入与工作场所无礼行为呈显著负相关关系；Wang 和 Chen(2020)指出，同事无礼行为和顾客无礼行为会降低员工的工作投入和工作绩效，且同事无礼行为对工作投入和工作绩效的影响大于顾客无礼行为的影响。但以往关于工作场所无礼行对工作投入作用机制的文献较多以企业员工、医护人员等为研究对象，鲜有文献以民办高校教师为研究对象。

2.3.4 教师工作投入相关研究

1. 国外教师工作投入相关研究

通过文献梳理发现，国外对工作投入的研究大多集中于心理学界、工商业界、医护业界，对教师工作投入的研究成果并不多。Hakanen 等(2006)的研究表明，教师工作倦怠与工作资源及组织承诺之间、工作要求与工作资源之间呈负相关关系，且工作资源和工作投入之间的关系受职业倦怠的部分中介作用影响。Salanova 等(2006)通过两轮纵向设计对中学教师进行研究，运用 AMOS 探讨工作资源(如组织支持)与个人资源(如自我效能)间的关系，发现资源(工作资源、个人资源)和工作投入之间存在交互关系。Simbula 等(2013)以教师为研究对象，运用 JD-R 模型，探讨了教师工作资源、自我效能感和工作投入三者间的相互影响关系，并得出工作资源和自我效能感与工作投入呈正相关关系的结论。

2. 国内教师工作投入相关研究

国内对于工作投入的研究，尚处于发展阶段，对教师工作投入的研究也不多，本节对已有研究进行梳理，如表2-4 所示。

表 2-4   国内教师工作投入相关研究

研究层面	学者及主要研究发现
工作投入定义研究	李锐和凌文辁(2007)认为工作投入是一种具有持续性和弥散性的与工作相关的完满积极的情绪与认知状态； 张琳琳等(2010)指出工作投入就是在工作中充满热情、积极奉献、主动融入，认为教师工作投入可从活力、奉献、专注层面进行具体可操作性的定义
工作投入现状研究	张丽芳(2009)研究发现，山西省中学教师的工作投入水平处于中等偏上程度； 李敏(2019)对我国 13 省市中学教师工作投入现状的研究发现，工作投入总体处于中等偏上水平
工作投入影响因素研究	周丽丽(2009)认为组织氛围显著正向预测教师的工作投入； 姜侗彤(2019)指出职业认同和组织认同对幼儿教师工作投入有正向影响作用； 向东春(2020)指出教师与行政人员互动程度对工作投入有重要影响
工作投入测量研究	盛建森(2006)在 Kanungo 和 Salch 等基础上，编制了包括工作专注、工作乐趣和工作重要性三个维度，17 个测量题项的工作投入量表； 李敏(2015)构建了中学教师工作投入感的研究框架，开发了《中学教师工作投入感调查问卷》

2.3.5　工作投入研究述评

通过对以往工作投入相关研究成果进行梳理，发现国内外学者对工作投入进行了较多的探索与研究，从不同角度、不同层面对其概念及测量、现状与影响因素、中介及调节变量等进行了广泛而深入的研究，形成了丰富的成果，但以下方面仍需进一步改进。

(1) 教师工作投入的影响因素仍待进一步探索。虽然已有研究对影响工作投入的前因变量进行了探索，但对教师特别是民办高校教师工作投入影响因素的研究还比较少，即使有学者涉及该领域的研究，也大多从一些积极的因素(如事业编制、组织支持感知)着手，如张伟东和吴华(2013)探讨了事业编制对民办高校教师组织承诺、工作投入的影响，马跃如和郭小闻(2020)探索了组织支持对工作投入的影响。鲜有提及如工作场所无礼行为这样的负性环境因素对工作投入的影响及作用机制。

(2) 对于工作投入影响机制中调节变量的研究尚需进一步丰富。学界比较集中探索工作投入的前因及后果变量，但在工作投入主效应模型中引入调节变量，探讨其对工作投入影响机制的调节作用的研究还不足。本书将民办高校教师作为研究对象，引入较为新颖的且对工作投入有显著影响作用的工作场所无礼行为作为自变量，并引入内部身份感知和组织认同作为链式中介变量，再引入自我感知可雇佣性作为链式中介效应的调节变量，通过充分的理论阐述、问卷调查与测量，结合行为科学管理实践展开研究，丰富了工作投入影响机制的相关研究成果。

(3) 提升民办高校教师工作投入的策略研究有待加强。以往对于提升民办高校教师工作投入的策略研究不够系统，本书通过构建有调节的链式中介模型，深刻地探讨了工作场所无礼行为对民办高校教师工作投入的作用机制，并根据研究结果讨论，从宏观的政策层面、中观的学校层面、微观的个人层面，提出比较系统的提升民办高校教师工作投入的策略，以期为民办高校的管理实践提供参考。

2.4　工作场所无礼行为对工作投入影响的研究综述

为了分析工作场所无礼行为对工作投入影响的研究现状，本节分别以"工作场所无礼行为对工作投入的影响""the impact of workplace incivility on work engagement"为主题，在 CSSCI 期刊数据库、SSCI 期刊数据库进行检索，共检索到 574 篇相关文献。将这些文献导入 CiteSpace 软件进行关键词共现分析和关键词共现 Timeline 分析，以判断学界有关工作场所无礼行为对工作投入影响研究的热点和趋势。

　　图 2-5 是 2003—2021 年 CSSCI 数据库中有关工作场所无礼行为对工作投入影响研究的文献，导入 CiteSpace 得到的关键词共现图谱，共 247 个节点和 479 条连线，网络密度为 0.0158，Q 值为 0.5814，大于 0.3；S 值为 0.9615，大于 0.5；共现聚类合理。图谱显示(图 2-5)，主要关键词包括"工作投入""任务绩效""工作倦怠""组织承诺""心理资本""情感承诺"等。结合 CiteSpace 的"Timeline"功能，分析关键词聚类共现 Timeline 图谱(图 2-6)，主要前沿热点包括"工作满意度""组织承诺""工作倦怠""积极情绪""任务绩效""职业认同"等。

```
CiteSpace, v. 5.8.R3 (32-bit)
January 2, 2022 11:48:50 PM CST
CSSCI: H:\citespace1\CSSCI 2\data
Timespan: 2003-2021 (Slice Length=1)
Selection Criteria: Top 20 per slice, LRF=3.0, L/N=10, LBY=5, e=1.0
Network: N=247, E=479 (Density=0.0158)
Largest CC: 244 (98%)
Nodes Labeled: 1.0%
Pruning: Pathfinder
Modularity Q=0.5814
Weighted Mean Silhouette S=0.9615
Harmonic Mean(Q, S)=0.7247
```

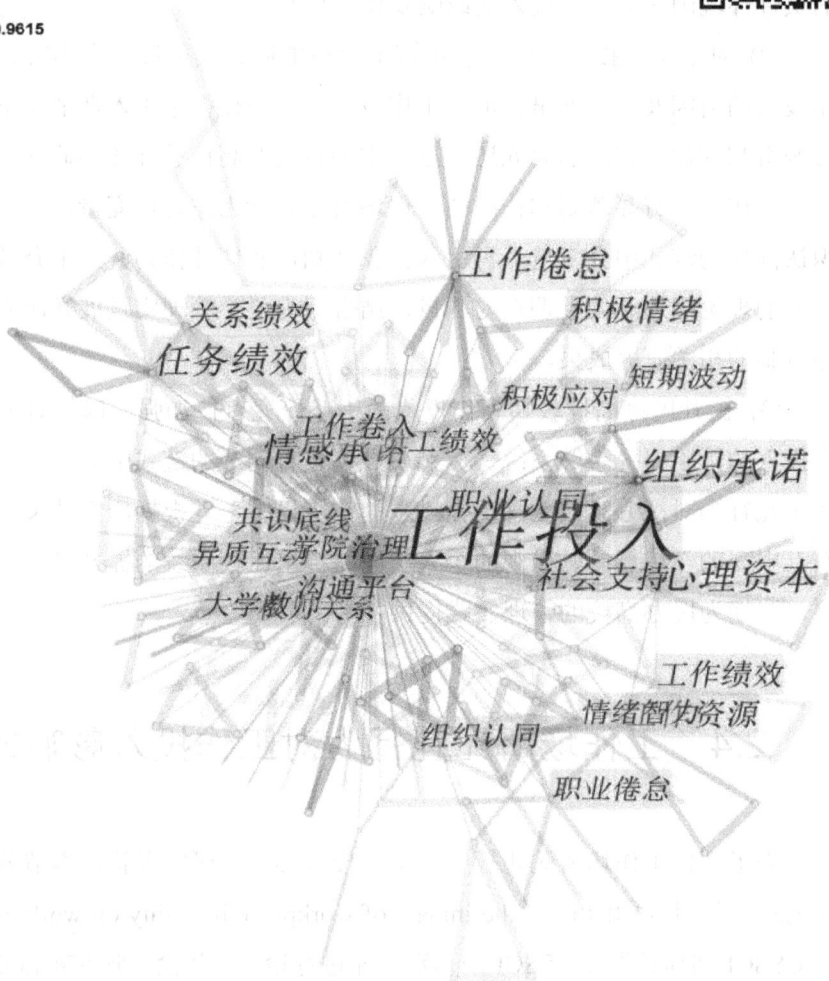

图 2-5　基于 CSSCI 数据库工作场所无礼行为对工作投入影响的关键词共现图谱

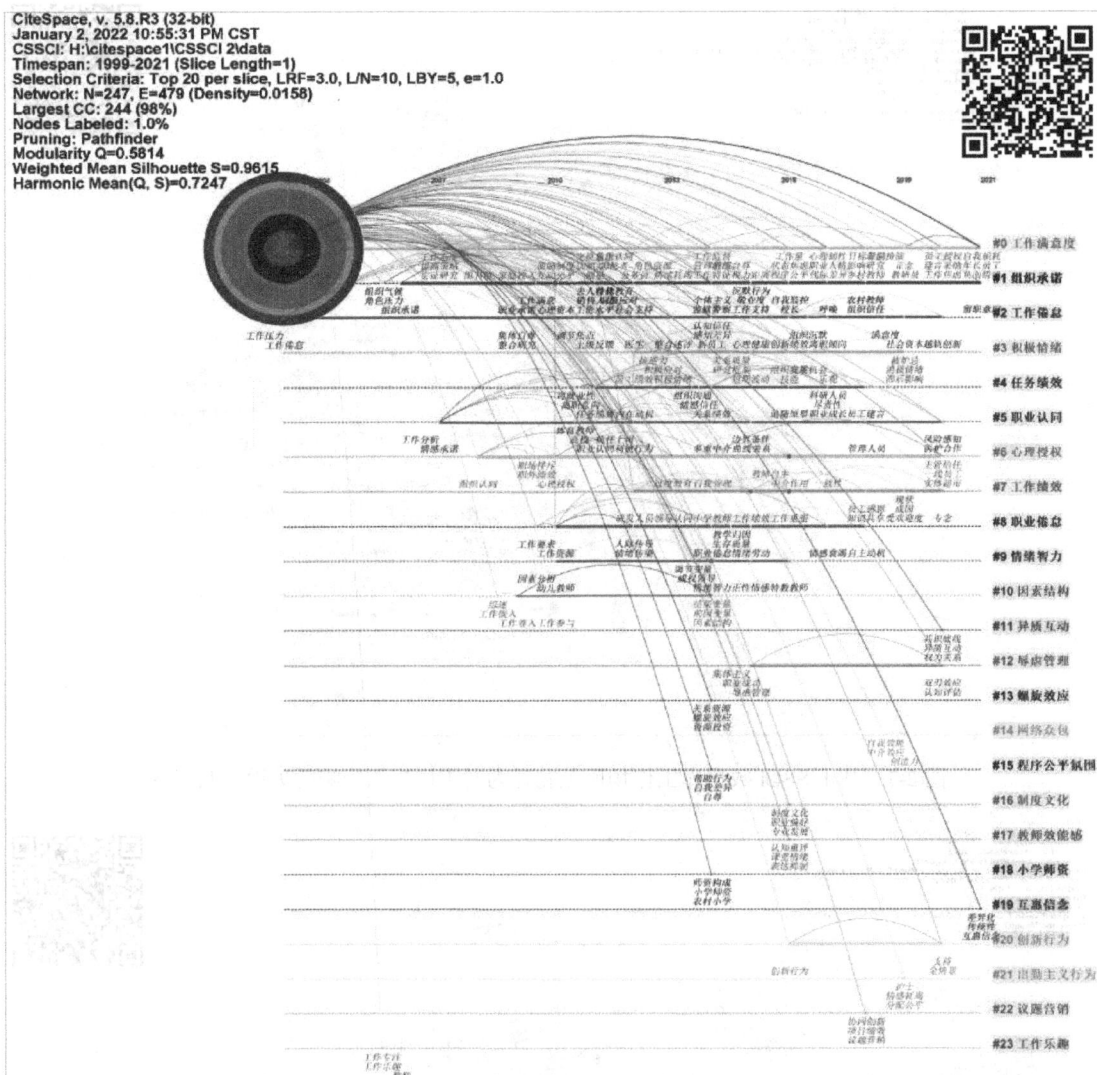

图 2-6　基于 CSSCI 数据库工作场所无礼行为对工作投入影响的关键词聚类共现 Timeline 图谱

同理，通过 CiteSpace 对 SSCI 数据库相关检索文献进行关键词共现分析(图 2-7)，主要关键词包括"incivility""engagement""impact""burnout""work engagement""workplace incivility""job satisfaction""performance""coworkerincivility""customer incivility"等，进一步在关键词共现分析的基础上生成工作场所无礼行为对工作投入影响的关键词共现 Timeline 图谱(图 2-8)，主要前沿热点包括"customer incivility""sexual harassment""social behavior distress""email incivility"等。

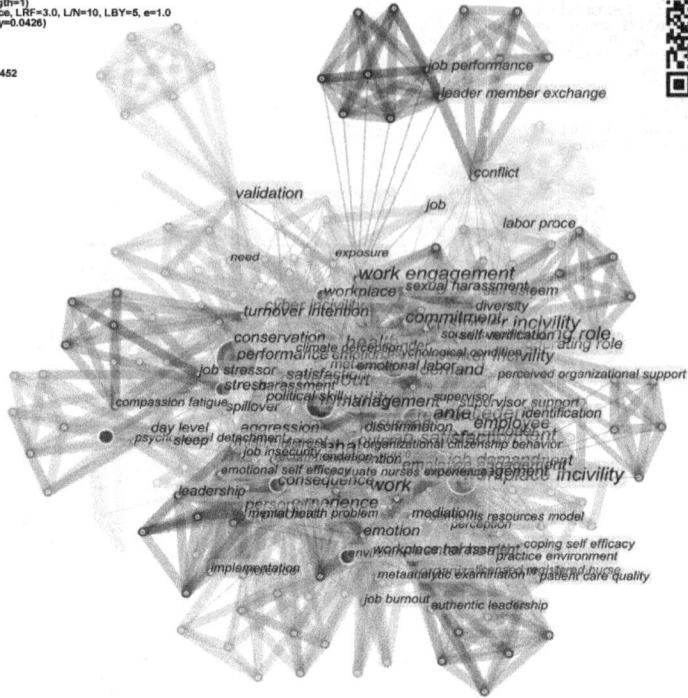

图 2-7　基于 SSCI 数据库工作场所无礼行为对工作投入影响的关键词共现图

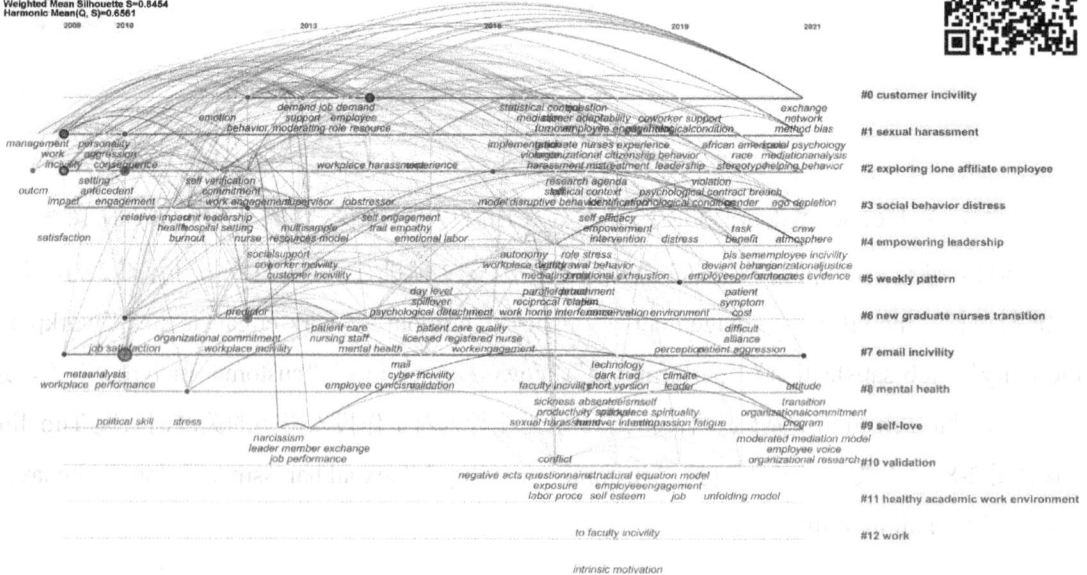

图 2-8　基于 SSCI 数据库工作场所无礼行为对工作投入影响的关键词共现 Timeline 图谱

表 2-5 工作场所无礼行为对工作投入影响研究文献高频关键词

CSSCI 数据库文献			SSCI 数据库文献		
序号	关 键 词	词频	序号	关 键 词	词频
1	工作投入	217	1	impact	22
2	工作倦怠	13	2	incivility	20
3	组织认同	8	3	engagement	18
4	工作绩效	7	4	performance	17
5	工作资源	7	5	workplace incivility	13
6	情绪智力	6	6	work engagement	12
7	社会支持	6	7	workplace	12
8	情感承诺	5	8	burnout	11
9	工作要求	4	9	job satisfaction	10
10	工作压力	3	10	mediating role	7

结合表 2-5 及 CSSCI 数据库、SSCI 数据库相关文献关键词共现及 Timeline 图谱可知，工作场所无礼行为与工作投入的关系研究中，组织认同、工作绩效、工作资源、工作要求、中介效应等成为研究热点。

2.5 内部身份感知研究综述

2.5.1 内部身份感知的内涵与测量

内部身份感知概念是由 Stamper 和 Masterson 于 2002 年最先提出的，指个体对自己作为某个特定组织的内部成员的感知程度。该概念的提出目的在于从个体感知到的自己受到组织区别对待的方式出发，探索激发员工积极工作态度和工作行为的有效策略。Aryee 和 Chen(2006)认为个体的内部身份感知是个体自我概念的重要内容之一。尹俊等(2012)提出个体是否认为自己是组织的内部人员取决于其对"内群体成员"或"主人翁"身份的感知。本节通过梳理内部身份感知的相关文献发现，学界对其概念的界定没有太大分歧。例如 Lapalme 等(2010)沿用了 Stamper(2002)的概念展开研究；Chen 和 Aryee(2007)、王永跃等(2015)和李燕萍等(2017)的研究则沿用了 Masterson 和 Stamper(2003)界定的概念。虽然表述上存在一定的差异，但学界普遍认为个体对自己是否为组织内部成员的感知程度是内部身份感知的核心内涵。本书综合比较以往研究，结合具体的研究情景，借鉴 Stamper 和

Masterson(2002)提出的概念，将内部身份感知定义为：教师主观上对自己是不是所在学校内部成员的感知程度。这与客观地被视为"局内人"或"局外人"是不同的。

关于内部身份感知的测量，目前国内外研究还相对较少。其中 Stamper 和 Masterson (2002)开发的六题项量表比较有代表性，该量表具有良好的信效度，在国内也具有适用性，是目前国内外内部身份感知实证研究的首要选择。国内学者(汪林等，2010；王雁飞等，2014；王永跃等，2015)的研究也基本参考了此量表，且均显示出较好的信效度。

2.5.2　内部身份感知的中介效应

本节通过梳理以往文献，发现学界对于内部身份感知中介效应的研究成果比较多。Hui 等(2015)发现，内部身份感知在组织诱因与员工公民行为间起中介作用；李锡元等(2017)指出，心理安全感和内部身份认知在个体-主管深层相似性感知与员工创新行为之间的关系中起部分中介作用；许璟等(2017)认为内部身份感知和组织自尊在组织支持感对组织认同的影响关系间起中介作用；苏屹等(2018)认为，内部身份感知在共享授权型领导对员工创新行为的正向影响关系间起部分中介作用；王伟等(2019)指出，内部身份感知在授权型领导与隐性知识分享之间的关系中起部分中介作用；王三银等(2019)将内部身份感知作为家庭支持型领导对员工创新行为影响关系间的中介变量进行研究；王苗苗和张捷(2019)指出，内部身份感知在真实型领导与创新行为的关系中起部分中介作用。

2.5.3　内部身份感知研究述评

内部身份感知自提出以来，引起了学界广泛关注，取得了丰硕的研究成果，但该领域仍有一些问题待进一步探讨，如内部身份感知的维度有待进一步丰富。Stamper 和 Masterson(2002)的实证研究表明单维度结构内部身份感知并不能完全涵盖全方位的内容，此外，在中国文化情境下可能会存在具有中国特色的内部身份感知内涵。赵红丹和汤先萍(2015)认为内部身份感知应该是多维度结构，因为主体不同，所以其感知对象和感知程度不同。未来研究可进一步探究内部身份感知可能存在的其他维度。

虽然以往也有将内部身份感知作为中介变量的研究，但其前因变量多为积极因素如组织支持感(许璟等，2017)、授权型领导(苏屹等，2018；王伟等，2019)、家庭支持型主管行为(王三银等，2019；吴遐等，2020)、道德型领导(刘蕴，2017)、工作幸福感(黄亮和彭璧玉，2015)等，前因变量为消极因素如工作场所无礼行为的研究较少。因此，基于以往的研究，将内部身份感知作为中介变量，探讨其在工作场所无礼行为对工作投入影响机制间的中介效应，具有一定的实证依据。

2.6　组织认同研究综述

2.6.1　组织认同的内涵

组织认同是社会认同的特殊形式(Ashforth 等，1989)。最初，认同仅仅局限于人与人之间的情感联系，后来人们将其范围扩大(Gautam 等，2004)，随后 Hall 和 Patchen(1970)将其用于组织认同。由于研究观点的分歧，学界对组织认同的定义还未形成统一观点。本书通过文献梳理，对已有的定义进行整理，如表 2-6 所示。

表 2-6　组织认同的相关定义

研究者	定　义
Lee(1971)	组织认同是一种归属、忠诚或者共有特征的感知程度，是个体对组织的一种广泛认同的程度
O'Reilly 和 Chatman(1986)	个体相信且信服组织的价值观，会因成为其中一员而感到荣幸
Ashforth 等(1989)	组织认同是一种属于群体的知觉，或是以组织成员身份对自我进行定义的一种状态
Dutton 和 Harquail(1994)	个体根据自己与组织相同的特质来定义自我的程度
Miller 等(2016)	个体将自己视为组织中的一员，认同组织的愿景与使命、价值观和目标
Gautam 等(2004)	组织认同除包括认知、评价和情感外，还应包含行为因素
王彦斌(2004)	个体与其所在组织在心理及行为两方面含有相同特点，包括生存性、成功性和归属性
Dick 等(2004)	组织认同包括认知、情感、评价、行为四方面的内容
Ridetta(2005)	组织认同包括认知、情感和社会学三个不同的方面
孙健敏和姜铠丰(2009)	重点强调认同具有归属感，且与自我概念有关

尽管国内外学者对于组织认同的界定不尽相同，却也有相通性，即组织认同是指个体与其所在组织在相处中出现的心理上而非生理上的知觉，且都涵盖自我概念和组织归属感这两个内涵。也就是说，组织认同是一种个体通过一定的心理方式寻找自我概念(Self-concept)与组织一致性的关系，并从组织中感觉到的自我而形成组织归属感。本研究在以往定义的基础上，结合具体的研究情景，将组织认同定义为个体信服组织的发展愿景，体现出组织归属感、组织忠诚度以及组织认同度。

2.6.2　组织认同的测量维度

关于组织认同的测量维度，已有较多研究成果。本节根据维度数量来划分组织认同的结构维度并进行文献梳理(表 2-7)，比较著名的有 Mael 的单维度结构、Hall 的三维度结构和 Dick 的四维度结构等。

表 2-7　组织认同维度划分

维度	学者(时间)	主要观点
单维度	Mael 和 Ashforth (1992)	个体基于组织成员身份的自我界定，产生与其所在组织共命运的知觉
二维度	宫淑燕(2015)	新生代知识员工的组织认同主要包括归属性及利益性组织认同
三维度	Hall(1970)	成员感、忠诚度和相似性是组织认同的三个维度
	Miller 等(2016)	组织认同包括情感、认知、评价三维度
	李保东等(2008)	组织认同包括利益性、归属性和成功性组织认同三个维度
四维度	Dick 等(2004)	组织认同包括认知、情感、评价及行为四个方面
	奚菁(2008)	组织认同包括价值认同、工作认同、人际认同、文化认同四个维度
九维度	孙健敏和姜恺丰(2009)	组织认同包括成员身份感知、归属感、组织吸引力、组织成员相似度、组织参与、契约关系、效忠与感恩、员工与组织的一致性程度以及人际关系九个维度

2.6.3　组织认同的中介效应

通过文献梳理发现，学界对于组织认同中介效应的研究成果较多。研究领域主要涉及以下四个方面：

(1) 企业。严效新(2009)指出，组织认同与组织公民行为显著相关，且在组织公平与组织公民行为影响关系间起中介作用；姜友文等(2019)认为，组织认同和工作投入在雇主品牌对员工创新行为的影响关系中均起部分中介作用，且在该影响关系中具有链式中介作用；佟海燕(2019)的研究发现，组织认同在员工感知的企业社会责任和组织承诺间的影响关系中起中介作用；仇勇等(2019)认为，领导-成员交换关系和组织认同均在精神型领导对员工个体创新绩效关系间起中介作用，且两者在该关系中具有链式中介效应。

(2) 医疗卫生业。李俊龙等(2019)认为组织认同在组织支持感与工作投入间的影响关系中起部分中介作用；申正付等(2018)指出，工作绩效和组织认同在全科医生胜任力对工作满意度的影响关系中起链式中介作用。

(3) 教育行业。李枫和李成江(2009)认为，高校教师的组织认同在其心理契约与组织公民行为间的关系中起中介作用；王俊有等(2014)发现组织认同在校园文化对工作绩效的影响中起部分中介作用。

(4) 服务业。谭道伦(2011)在其博士学位论文中指出，组织认同在组织支持感、主管支持感对员工服务创新行为的影响关系中起部分中介作用；董坤(2014)基于服务利润链理论和社会交换理论，从酒店管理者、一线服务人员和顾客等多方利益相关者视角，探讨了组织认同在内部服务质量与服务导向关系间的中介作用。

以往研究探索组织认同的中介效应时，其前因变量主要从个体特征(Mael 和 Ashforth，1992；Dick 等，2004；Johnson 和 Morgeson，2005；张宁俊等，2013；黄昱方和刘永恒，2016)、领导特征(李云和李锡元，2011；严丹和黄培伦，2012；Epitropaki 和 Martin，2013)、组织特征(Smidts 等，2001；王彦斌等，2004；魏钧，2009；王震等，2018)、环境特征(王彦斌和赵晓荣，2009；周路路和胡士强，2010；张淑华和刘兆延，2016；孟华等，2017)等方面展开。

因此，基于已有的实证基础，本书将组织认同作为中介变量，探讨其在工作场所无礼行为对工作投入影响关系中的中介效应，并进一步探索其与内部身份感知在该影响关系中的链式中介作用，具有一定的实证依据。

2.6.4　组织认同研究述评

综上，国内外对组织认同的概念虽未达成共识，但个体与组织之间关系、个体对组织的情感感知等观点得到了认可，且该领域的研究取得了丰富的成果。同时，随着国内学者对组织认同研究的深入，其在中国文化背景下的适用性和推广性也开始受到关注。国内外学者对组织认同前因变量的探究多于对其结果变量的探索，主要从个体特征、领导特征、组织特征和环境特征几个层面进行研究，但以往的研究情景多以企业为主，较少涉及高等学校特别是民办高校，故对于民办高校教师组织认同的中介作用及其影响结果的研究值得探讨。

2.7　自我感知可雇佣性研究综述

2.7.1　自我感知可雇佣性的概念

自我感知可雇佣性是对可雇佣性一般定义的延伸和发展，因此，为更好地理解自我感知可雇佣性，本节首先对可雇佣性的概念与内涵进行梳理。可雇佣性概念由 Beveridge 等(1909)首次提出，起源于就业领域，指个体具备可工作的体力，随着其概念与内涵的不断延伸与拓展，后来发展为劳动者工作态度、知识技能及劳动力市场形势、行业政策等多种因素的结合。

自我感知可雇佣性是可雇佣性的子概念，源于 March 和 Simon 于 1958 年提出的"个体对于在内外部劳动力市场上可实现的就业选择的感知"；此后，Berntson 和 Marklund 等(2007)将自我感知可雇佣性定义为"个体对于获取新工作岗位可能性的感知"。Rothwell 和 Arnold(2007)认为自我感知可雇佣性可分为自我感知内部可雇佣性和自我感知外部可雇佣性两个维度。前者指个体对于自己保持现有工作能力(保持在现有单位可雇佣性)的主观感知，后者指个体对于自己在当前所在组织之外的劳动力市场上可雇佣性的主观感知。

国内对自我感知可雇佣性的研究起步较晚，成果相对较少。该领域比较有代表性的是胡三嫚等(2015)的研究，其指出自我感知可雇佣性不再只是关注个体就业能力的客观情况，而更注重主观感知。梳理国内外学者的研究成果，结合实际研究情景，本书沿用 Rothwell 和 Arnold(2007)提出的自我感知外部可雇佣性，认为自我感知可雇佣性是个体将个人属性特征如工作经验、知识技能、学习能力、人力资本等因素与市场供需关系进行比较，所形成的关于自身可雇佣性的主观感知。

2.7.2 自我感知可雇佣性的测量

自我感知可雇佣性研究虽取得了一定的成果，但尚处于发展阶段。学界对自我感知可雇佣性维度结构的划分与测量还没有达成共识，从早期的单维度量表，发展到后来的二维度、四维度量表，如表 2-8 所示。目前学界关于自我感知可雇佣性结构与量表最具代表性且应用最广泛的是 Rothwell 和 Arnold(2007)的研究成果。

表 2-8　自我感知可雇佣性的维度

维 度 划 分		学者(时间)	测量题项数
单维度		Forrier 和 Sels(2003)	3 项
		Griffeth 等(2005)	6 项
		Erik(2006)	1 项
		Näswall 等(2006)	5 项
二维度	外部感知可雇佣性	Rothwell 和 Arnold(2007)	7 项
	内部感知可雇佣性		4 项
四维度	外部数量感知可雇佣性	De Witte 等(2010)	1 项
	外部质量感知可雇佣性		1 项
	内部数量感知可雇佣性		1 项
	内部质量感知可雇佣性		1 项

对于自我感知可雇佣性结构的研究，国内成果相对较少。学者们多数沿用 Rothwell 和 Arnold 开发的二维结构量表，曾垂凯(2011)对该量表进行了适当改良以适应国内文化情景，为检测自我感知可雇用性量表的信度和效度，先后调查了 500 多名企业员工，结果表明改良后的量表的信效度良好，对我国员工自我感知可雇佣性的测量具有适用性。

本研究关注个体在综合分析内外部就业形势后对自身保持或获得满意工作的可能性的主观感知，故采用曾垂凯(2011)改良后的自我感知可雇用性 11 条目量表，并结合具体研究情景，对外部感知可雇佣性进行研究。

2.7.3　自我感知可雇佣性研究述评

学界对于自我感知可雇佣性的研究较多关注其影响因素及影响结果。以往研究从人力资本(Judge 等，1995；陈海平，2005；Erik，2006；Rothwell 和 Arnold，2007；张华，2008)、劳动力市场(Doeringer 和 Piore，1971；Brown 等，2003)、经济形势(Erik Berntson，2006)、社会资本(陈海平，2005；郑洁，2004；吕卫华，2006)、个体特征(Sok 等，2013；Ngo 等，2017)、职业培训(凌玲和卿涛，2013)等方面探索影响自我感知可雇佣性的前因变量，也有学者认为自我感知可雇佣性对员工的工作绩效(Makikangas 等，2013；del Carmen Aguilar Rivera 等，2012)、离职意向(Makikangas 等，2013；程骏骏等，2015；胡三嫚等，2015)、情感态度(Makikangas 等，2013；胡三嫚和申传刚，2020)、工作不安全感(Makikangas 等，2013；胡三嫚和钟华，2015)等方面产生影响。学界对于自我感知可雇佣性调节作用的探索比较少，胡三嫚和钟华(2015)指出，工作不安全感与工作幸福感间的关系受自我感知内部可雇佣性的正向调节作用。学界更多关注可雇佣性的调节作用，如张弘和曹大友(2010)在研究雇佣保障对工作满意度的影响时，考察了员工可雇佣性的调节作用；黄惠鸿(2013)指出，可雇用性一定程度上调节了工作不安全感与员工绩效之间的影响关系。因此，自我感知可雇佣性作为一种重要的心理资源，对其调节作用的探索，有利于更好地理解工作场所无礼行为影响工作投入的边界条件，具有一定的管理实践意义。

本 章 小 结

本章首先介绍了 JD-R 模型、组织成员身份理论、情感事件理论和社会交换理论等理论的内涵及主要观点，为后续研究假设的提出与推导奠定了理论基础。然后根据研究需要，对工作场所无礼行为的概念及测量量表、工作场所无礼行为的类型及影响结果进行了梳理和评述；对工作投入的概念及结构维度、工作投入的影响因素、国内外工作投入相关研究进行了梳理和评述；对内部身份感知和组织认同的内涵及测量量表、内部身份感知和组织认同作为中介变量的相关研究进行了梳理和评述；对自我感知可雇佣性的概念及测量、自我感知可雇佣性作为调节变量的相关研究进行了梳理和评述。本章对理论基础和主要研究变量相关成果的梳理，为第 3 章研究假设的提出与理论模型的构建提供了理论依据。

第 3 章　理论假设与理论模型构建

本章基于 JD-R 模型、情感事件理论、组织成员身份理论和社会交换理论，采用演绎推理的方法阐述工作场所无礼行为、内部身份感知、组织认同、自我感知可雇佣性、工作投入几者间的假设关系，提出 18 组理论假设，构建有调节的链式中介模型，其中工作场所无礼行为为自变量，工作投入为因变量，内部身份感知和组织认同为中介变量，自我感知可雇佣性为调节变量。

3.1　工作场所无礼行为对工作投入的直接效应

工作场所无礼行为对工作投入的直接效应可以借助 Hobfoll(1989)的资源保存理论 COR 模型进行阐述。Hobfoll 将资源解释为工作目标、个体特征、工作环境与工作经历，个体在组织中会努力获取、保持并建立资源，但个体获取、持有的资源有限，且资源获取的质量与数量受工作环境的影响。此外，压力源也会影响资源的获取。因此，个体会规避压力源以避免已有资源丢失，而组织中的积极因素如友好的人际互动关系与良好的工作氛围则有利于资源的获取。COR 模型认为资源的重要组成部分是社会资源，而工作场所无礼行为作为社会压力源(Kern 和 Grandey，2009)会"掠夺"个体的情感和认知资源(Laschinger 等，2013)，影响社会资源的有效获取，因为工作场所无礼行为打破了个体之间相互尊重的礼仪规范。根据 COR 模型，个体会采取一定的方式以保持已有资源或减少资源的损失。个体在工作场所中可采取减少工作投入(Wright 和 Cropanzano，1998)或工作表现(Hobfoll，1989)等资源保护方式。当个体拥有较少资源时，其倾向于减少工作投入，以达到资源平衡。因此，工作场所无礼行为遭遇会使个体保持或获取资源的机会减少，个体为使资源平衡，会减少工作投入。

此外，已有的实证研究发现个体的身心健康(Laschinger 等，2013)与职业态度如工作满意度(Blau 和 Andersson，2005；Welbourne 等，2016)、工作投入程度(Sakurai 和 Jex，2012；Beattie 和 Griffin，2014；Guo 等，2020)、离职意愿(Cortina 等，2001)等都显著地受到工作

场所无礼行为的负面影响。Pearson 等(2000)的研究表明，工作场所无礼行为受施者会降低对组织、团队的工作投入程度，也可能会减少工作时间，尽量避免与实施者打交道，以降低遭遇工作场所无礼行为的频率。张轶文和甘怡群(2005)指出，情感消耗和人际冲突均与工作投入中的奉献和专注维度呈显著负相关，而工作场所无礼行为作为人际冲突的一种，也会显著地负向影响工作投入。Griffin(2010)的研究表明，个体经历的组织层面工作场所无礼行为频率与其工作投入负相关。刘嫦娥和丁洪涛(2010)发现，工作场所无礼行为主要通过影响员工的情绪、工作满意度及组织承诺来影响个体绩效。Miner-Rubino 和 Reed(2011)指出，工作场所偏差行为负向影响个体工作投入。Sakurai 和 Jex(2012)、Beattie 和 Griffin(2014)等的研究也表明，工作场所无礼行为对员工的工作投入有负面影响。Porath 和 Pearson(2013)指出，工作场所无礼行为对个体的工作质量有负向影响。Chen 等(2013)认为，遭遇工作场所无礼行为的个体，其核心自我会从工作中抽离而负向影响工作投入，而高自恋个体的工作投入更易受影响。关奉民(2014)指出，工作场所无礼行为对工作投入有着非常明显的负向作用。刘嫦娥等(2019)指出，上级无礼行为对员工工作投入有显著的负向作用。Guo 等(2020)通过对民办高校教师的研究发现，工作场所无礼行为显著地负向影响工作投入。

基于上述 COR 模型与相关实证研究成果，本书提出以下假设：

假设 1(H1)：工作场所无礼行为显著地负向影响工作投入的活力(H1a)、奉献(H1b)、专注(H1c)水平。

3.2　内部身份感知和组织认同的链式中介效应

已有的实证研究较多关注工作场所无礼行为与工作投入间的直接效应而较少考虑中介效应，或者只关注简单中介效应，如关奉民(2014)、刘嫦娥等(2019)分别将工作倦怠、情感承诺、组织支持感作为中介变量，探讨其在工作场所无礼行为对工作投入影响机制中的简单中介效应。此外，也有学者就工作场所无礼行为对员工工作绩效的影响关系进行了研究，但仍多以简单中介效应为主，较少涉及链式中介效应的探索，如詹思群(2019)探讨了组织承诺在工作场所无礼行为对员工工作绩效影响机制中的简单中介效应。也有学者探讨了工作场所无礼行为对安全绩效(杨霄，2017)、离职倾向(Lim 等，2008；Cortina 等，2013)、个体主动性行为(杨珂桢，2019)等有中介效应的影响机制，但几乎停留在简单中介效应的探索中。因此，本书在以往的研究框架上，结合行为科学相关管理理论，引入内部身份感知、组织认同等中介变量，构建链式中介模型，探索工作场所无礼行为对民办高校教师工作投入的影响机制。

3.2.1　内部身份感知的中介效应

根据 Hobfoll(2001)的资源保存理论，由于个体具有对自己重视的资源进行保存、保护和建立的基本动机，故当个体面临资源可能流失、实际资源流失或投入资源后无法获得回报的威胁时，会感到心理不适。据此可以预测，个体遭遇工作场所无礼行为时，会感受到无礼行为所带来的心理压力，而应对这种压力源会不断消耗身心资源，因此，个体将在压力应对过程中耗费掉有限的内在资源，造成内部身份感知减弱等。

组织成员身份理论认为，组织成员通过满足个体需求、体现个体重要性和获得个体对组织的归属感等三大动机来强化其身份感知，进而建立与组织间的心理联系。已有研究证明组织中的人际互动会影响组织成员的"内部人"感知，如汪林等(2010)、崔益艳(2012)等指出，高质量的领导-成员交换关系正向影响员工的内部身份感知，杨晓等(2015)的研究也得出了相似的结论。工作场所无礼行为作为一种负向的人际互动方式，会影响组织成员个体需求的满足、重要性的体现及组织归属感的获得，使员工有被排除在组织之外的心理压力，进而使其与组织间的情感纽带受到影响，难以将自己归为组织的"内部"成员，内部身份感知减弱。因此，组织成员的内部身份感知会受到工作场所无礼行为的影响，故提出以下假设：

假设 2(H2)：工作场所无礼行为显著地负向影响内部身份感知。

根据 Hobfoll(2001)的资源保存理论，员工为进一步获取资源，会将内部身份感知作为一种资源投入到积极的角色行为中，如增加工作努力程度，提升工作投入程度。一方面，内部身份感知强的员工更愿意与组织建立正式或非正式的关系，以期增加自身与组织的关联度，以便使自己成为组织的"内部人"；另一方面，内部身份感知强的员工会积极主动地提升自己的工作投入程度，以赢得领导和组织中其他成员的高度认可。尹俊等(2012)指出，受集体主义的熏陶，组织成员有"个人利益要服从集体利益"的意识，可以使个人目标与组织目标相匹配，以期获得组织的关注和照顾，对所属组织形成高水平的忠诚度，因此，个体在这样的情况下所形成的"内部人"意识具有非常重要的作用，足以影响其在组织中的工作行为。以往研究表明，高内部身份感知的个体会表现更少的偏差行为和更多的利他行为，更愿意留在组织中，更愿意承担组织成员应有的责任，具有更高的工作满意度及工作投入程度等。基于此，Wang 和 Kim(2013)提出，个体对自己是否归属于组织的感知，或对自己的"群体内部成员"身份的认知，会直接影响工作行为表现。谢凌玲(2014)认为，内部身份感知对工作投入有正向预测作用。张好雨等(2016)认为，内部身份感知能调节领导的权力分享对员工工作绩效和组织公民行为的影响关系。吴遐等(2020)研究发现，家庭支持型主管行为通过内部身份感知的中介效应对工作投入产生影响。基于以上理论原理和以往实证研究结果，提出以下假设：

假设3(H3)：内部身份感知显著地正向影响工作投入的活力(H3a)、奉献(H3b)、专注(H3c)水平。

基于此，这里进一步预测，内部身份感知在工作场所无礼行为与工作投入的关系中起中介作用。社会交换理论认为，个体在建立社会关系的过程中不可避免地要进行成本和收益分析。同时，基于经济人的特性，为尽可能降低成本，个体更倾向于用较小的代价换取较多的利益。基于该理论，当个体受到组织中其他成员的善待时，个体会产生回报组织及组织中其他成员的义务感和责任感，并通过实际的积极行为(如增加工作投入)表现回报；相反，当个体遭受组织中其他成员的不当对待(如工作场所无礼行为)时，个体会以消极的方式(如消极的工作态度)回应，但以直接而明显的方式显然是不可行的，因为大多数工作场所无礼行为的实施者通常是自己的领导或同事。因此，当组织成员遭遇工作场所无礼行为时，个体会感到自己"内部人"身份受到威胁，形成较低的内部身份感知，回报组织的动机减弱，甚至以消极的方式(如降低工作投入)来平衡工作场所无礼行为遭遇所带来的资源损耗。基于以上论述，并结合假设2和假设3，提出如下假设：

假设4(H4)：工作场所无礼行为通过内部身份感知负向影响活力(H4a)、奉献(H4b)、专注(H4c)水平。

基于以上理论假设，构建分理论模型，如图3-1所示。

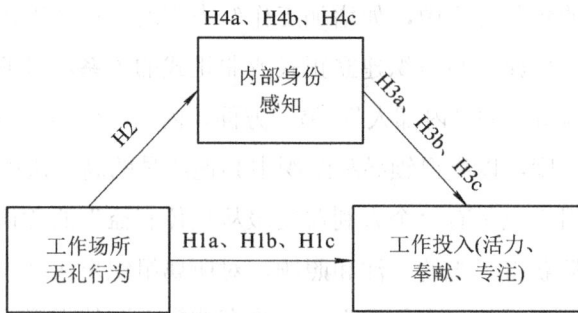

图3-1　内部身份感知的中介模型

3.2.2　组织认同的中介效应

组织认同作为社会认同的一种特殊形式，是指个体以组织成员的身份定义自我，从而归属于组织的感知程度。当个体遭遇工作场所无礼行为时，个体会产生不被组织或组织其他成员接纳的感知,组织认同减弱。本节认为工作场所无礼行为会对组织认同产生负面影响。这是因为它威胁到了个体的几种"需要"。① 归属的需要(Need to Belonging)。人具有社会属性,希望自己能归属于某个团体或组织,并与其保持一定的关联(Baumeister 和 Leary,1995)。工作场所无礼行为影响了受施者与组织的社会联系,从而破坏了其组织归属感,组织认同减弱。② 自尊的需要(Need for Self-esteem)。自尊对个人产生并维持积极情感有重要作用(Leary 和 Baumeister,2000),工作场所无礼行为违背了相互尊重的基本准则,伤害了受施者的自尊,因为它往往传递着受施者是无足轻重或是不受欢迎的隐含信息。③ 控制的需要(Need for Control)。人们为降低甚至避免周遭环境的不确定性所带来的影响,都希望自己对周围环境有一定的把控度。工作场所无礼行为破坏了受施者对工作场所中良好人际互动的控制感,使其对组织及组织成员产生陌生感,组织认同减弱。④ 相互关系(Need for Relatedness)的需要,即个体有维持相互之间友善关系的愿望。工作场所无礼行为作为一种负性人际互动,带来的不愉快情感体验使受施者难以实现友善人际关系的愿望,感受不到组织的温暖,组织认同减弱。此外,Guo 和 Qiu(2019)通过研究证实,工作场所无礼行为显著地负向影响组织认同。基于上述分析,提出以下假设:

假设 5(H5):工作场所无礼行为显著地负向影响组织认同。

梳理以往相关实证研究发现,组织认同对工作投入有正向影响作用。Elloy 等(1991)指出,工作投入指个体愿意关心并认真对待自己的工作,是一种心理上对工作认同的程度。工作是组织的重要组成元素,个体对组织的认同度较高,就会有较强的工作投入意愿,也不易受工作场所无礼行为的负面影响。陈忠卫和贾培蕊(2004)的研究发现,个体的组织认同度与其心理上的工作认同度正相关,也就是说,组织认同度高的个体愿意投入更多精力到工作中,因此,较强的组织认同能促进工作投入。Ridetta(2005)的研究指出,员工的组织认同对工作投入有正向影响作用,何立和凌文辁(2010)的研究结果也支持以上观点。何立和凌文辁(2012)的研究指出,个体工作投入的各维度(活力、专注、奉献)受情感性认同的显著正向影响,而只有活力维度受评价性认同的显著正向影响。据此,提出以下假设:

假设 6(H6):组织认同显著地正向影响工作投入的活力(H6a)、奉献(H6b)、专注(H6c)水平。

由情感事件理论可知,因特定工作环境特征(Work Environment Features)导致的积极或消极工作事件(Work Events)的体验会引发个体的情感反应,进而影响工作态度与工作行为。情感反应影响工作行为存在两条路径:一是直接影响员工的工作行为;二是通过影响员工的工作态度(如工作满意度、组织认同等)间接影响工作行为。据此,这里推测:个体遭遇的工作场所无礼行为可视为消极工作事件,会引起情感反应,影响工作态度(如组织认同减弱)，进而由工作态度影响工作行为(如工作投入减少)。以往研究表明，情感事件理论在工作场所无礼行为研究领域具有实用性和针对性。Sakurai 和 Jex(2012)指出，负面情绪在工作场所无礼行为与工作投入、反生产工作行为的影响关系中起中介作用。Dudenhöffer 和 Dormann(2013)基于情感事件理论的研究发现，服务行业中的顾客无礼行为会引起受施者短期或中期的负面情绪，进而导致受施者长期幸福感降低。此外，国内学者杨珂桢(2019)等也验证了情感事件理论在工作场所无礼行为影响结果研究中的适用性。因此，基于以上论述，结合假设 5 和假设 6，提出以下假设：

假设 7(H7)：组织认同在工作场所无礼行为与工作投入的活力(H7a)、奉献(H7b)、专注(H7c)间的关系中起中介作用。

基于以上理论假设，构建分理论模型，如图 3-2 所示。

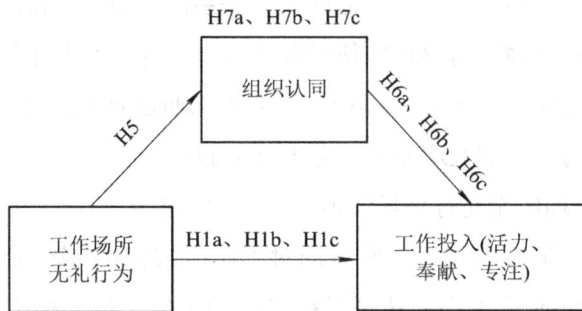

图 3-2　组织认同的中介模型

3.2.3　链式中介效应

通过前述分析，内部身份感知和组织认同均在工作场所无礼行为对工作投入影响关系中起中介作用。从以往的实证研究成果来看，内部身份感知和组织认同之间的关系也是比较紧密的。Ashforth 和 Mael(1989)认为，个体的自我概念与定义自我进而归属组织的过程密切相关，也就是说，个体对组织产生认同是通过定义自我，进而将自己的组织身份纳入自我概念中来实现的(Knippenberg 和 Sleebos，2006)。Michael 等(2006)指出，组织的性质以及个体在组织中的地位和身份等是组织认同的主要影响因素。Masterson 和 Stamper(2003)认为，个体作为组织成员，对自己在组织中赢得的个人空间、地位和接纳程度的感知，可用"内部身份感知"这一概念来描述。Chen 和 Aryee(2007)认为：内部身份感知定义了个体的自我认同，反映了个体的自我概念，而作为组织内部成员，个体的自我认同程度是由其在组织中的身份感知决定的；个体的工作满意度、组织承诺、组织公民行为、工作绩效和创新行为等对内部身份感知都有非常显著的积极影响，而这些因素能在一定程度上反映个体对所在组织的认同程度。Guerrero 等(2013)基于领导-成员交换关系的研究发现，领导倾向于将员工分为"圈内人"和"圈外人"，前者意味着与领导有着高质量的领导-成员交换关系，在组织中能得到更多更好的待遇，也会因为可以得到更多资源和领导支持而具有较高的内部身份感知，进而产生较强的组织认同感。

根据情感认知评价理论，个体与组织环境的相互作用会对组织情感产生影响。就本研究而言，民办高校教师对所在学校的情感表现为组织认同，受到工作氛围及内部身份感知的影响。良好的工作氛围使教师能有效地融入集体，成为其中一员，内部身份感知较强，进而对所在学校的组织认同感提高，更愿意投入更多精力努力工作。据此推断，个体的内部身份感知及组织认同与在组织情境中的人际互动方式密切相关。个体感受到的正面和积极的互动方式(如互助宽容和尊重等)能较大程度地满足其社会情感如自尊、安全感和归属感等的需要，有助于将组织身份纳入自我识别中来，进而与组织建立起积极的情感纽带，组织认同随之增强；反之，个体遭遇负性人际对待(如工作场所无礼行为)时，会在情感上对所在组织产生疏离感，无法形成归属感和一致的价值认同感，从而难以形成"我们"的认知，即难以形成组织"内部人"的意识，组织认同也随之减弱。Ridetta(2005)的研究表明，个体的利组织行为受到组织认同的重要影响，即较高的组织认同能促使个体为所在组织着想，并愿意做出利组织行为如积极投入工作。相反，组织认同较低的个体，难以产生与组织休戚与共的感受，利组织行为动力不足，工作投入程度也难以提升。

因此，基于以上论述，结合假设 2 至假设 7，这里预测工作场所无礼行为可能会通过影响个体的内部身份感知和组织认同，进而影响工作投入，并提出以下假设。

假设 8(H8)：内部身份感知正向影响组织认同。

假设 9(H9)：内部身份感知和组织认同在工作场所无礼行为对活力(H9a)、奉献(H9b)、专注(H9c)的影响关系中起链式中介作用。

基于以上理论假设，构建分理论模型，如图 3-3 所示。

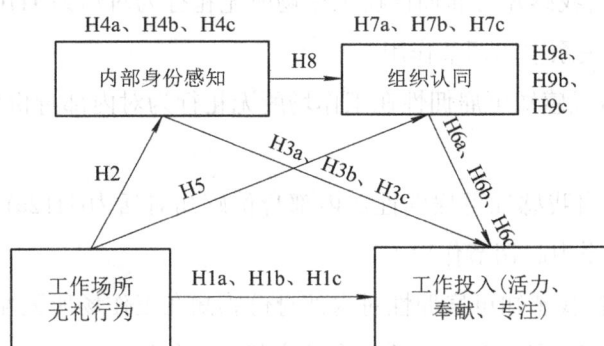

图 3-3　内部身份感知和组织认同的链式中介模型

3.3 自我感知可雇佣性的调节作用

我国民办高等教育随着国家颁布的多项政策、法规、文件的相继实施而不断发展，逐渐成为社会主义教育事业的重要组成部分。特别是在《中华人民共和国民办教育促进法》通过后，民办教育逐步走向规范化的发展新阶段。然而民办高校发展时间短，政策支持还不充分、不完善。社会大众对民办高校的认识也不深入，甚至还有一定的偏差，对其认可度不高。这些因素可能导致就职于民办高校的教师对自己的发展前途存有疑虑，看不到职业晋升路径，故在自我感知可雇佣能力匹配的情况下，更倾向于寻找流动机会。

民办高校在教师的事业编制、职称评定、职业晋升、进修培训等方面的保障力度不够，教师在聘任制背景及人事代理的师资管理制度下，对所在学校的组织认同感及组织归属感不高。受一些客观因素的影响，民办高校教师较难实现职业晋升、职称评定、评优评先等自我发展目标，自我实现的需要难以满足，因此其难以将自己"内化"为所在民办高校的一员，内部身份感知不高。此外，政府对民办高校办学的财政投入较低，导致民办高校没有足够的经费用于学术科研、培训进修、物质保障、工作条件及生活条件改善等方面。以上原因导致民办高校教师的个人职业发展受限，自我上升空间不大，同时也缺乏组织认同感，流动意愿强烈。

综上可知，民办高校教师的流动性较大，自我感知可雇佣性是影响流动意愿是否实施的重要因素。由于自我感知可雇佣性可能调节工作场所无礼行为与工作投入(活力、奉献、专注)、工作场所无礼行为与内部身份感知、内部身份感知与工作投入(活力、奉献、专注)间的影响关系，故提出以下假设。

假设10(H10)：自我感知可雇佣性在工作场所无礼行为对活力(H10a)、奉献(H10b)、专注(H10c)的负向影响关系中起调节作用。

假设11(H11)：自我感知可雇佣性在工作场所无礼行为对内部身份感知的负向影响关系中起调节作用。

假设12(H12)：自我感知可雇佣性在内部身份感知对活力(H12a)、奉献(H12b)、专注(H12c)的正向影响关系中起调节作用。

假设13(H13)：自我感知可雇佣性对内部身份感知在工作场所无礼行为与活力(H13a)、奉献(H13b)、专注(H13c)影响关系中的中介效应起调节作用。

基于以上理论假设，构建分理论模型，如图3-4所示。

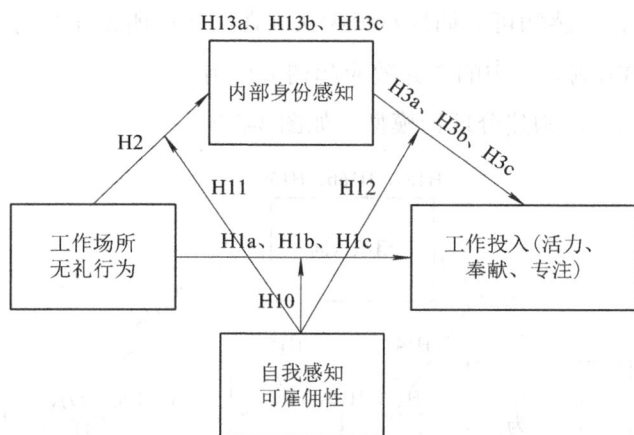

图 3-4　自我感知可雇佣性对内部身份感知中介效应的调节模型

　　以往研究探索了工作场所无礼行为对结果变量如离职倾向(Cortina 等，2013)、工作投入(关奉民，2014)、建言行为(夏宇寰等，2019)等的影响机制，但对其影响机制中调节效应的探索不多，也更少关注自我感知可雇佣性的调节作用。如前文所述，自我感知可雇佣性是指个体对于获取新工作岗位可能性的感知，可分为自我感知内部可雇佣性和自我感知外部可雇佣性。

　　针对企业员工自我感知可雇佣性的研究在心理学与管理学领域已有一定的实证研究成果，但针对教师自我感知可雇佣性的研究还不多。此外，有学者(Törnroos 等，2017)认为对于自我感知可雇佣性的研究，和专注于可雇佣性本身的测量及影响因素的探索不同，前者更注重自我感知可雇佣性作为一种个人资源而对个体的工作及生活所发挥的积极作用。因此，本节推测：自我感知可雇佣性作为民办高校教师的一种个人资源，能够在工作场所无礼行为对工作投入的影响关系中起到调节作用。因为自我感知可雇佣性使教师体验到对自己职业发展的自我掌控感，这种感受一方面能够改善其工作态度，提升工作投入程度，另一方面则有利于减弱工作场所无礼行为对组织认同的负向影响(因为工作场所无礼行为遭遇可能导致个体工作控制感的缺乏与无助感的产生，而自我感知可雇佣性正好可缓减其负向影响)。自我感知可雇佣性高的教师，心理资源更充足，遭遇工作场所无礼行为时，能较好地处理自己的情感态度与工作态度，可缓减工作场所无礼行为对组织认同和工作投入的负向影响。综上可知，自我感知可雇佣性在工作场所无礼行为对组织认同、工作投入的负向影响关系中能起到一定的调节作用，故提出如下假设。

　　假设 14(H14)：自我感知可雇佣性在工作场所无礼行为对组织认同的影响关系中起调节作用。

　　假设 15(H15)：自我感知可雇佣性在组织认同对活力(H15a)、奉献(H15b)、专注(H15c)的正向影响关系中起调节作用。

假设 16(H16)：自我感知可雇佣性对组织认同在工作场所无礼行为与活力(H16a)、奉献(H16b)、专注(H16c)影响关系中的中介效应起调节作用。

基于以上理论假设，构建分理论模型，如图 3-5 所示。

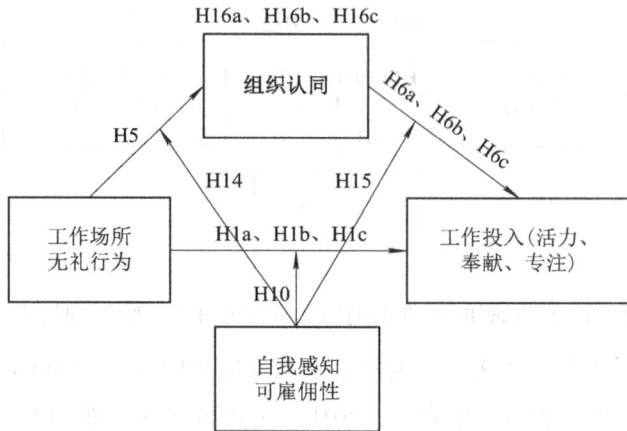

图 3-5   自我感知可雇佣性对组织认同中介效应的调节模型

3.4   自我感知可雇佣性对链式中介效应的调节作用

由前面的论证分析与理论假设可知，内部身份感知和组织认同在工作场所无礼行为对工作投入的影响机制中发挥了链式中介作用，而自我感知可雇佣性在内部身份感知、组织认同与工作投入(活力、奉献、专注)的影响关系中起调节作用。基于这些假定可以推断，在不同自我感知可雇佣性情况下，工作场所无礼行为通过内部身份感知和组织认同对民办高校教师工作投入产生的负向影响不同，具体表现为有调节的链式中介作用模式，即内部身份感知和组织认同在工作场所无礼行为对工作投入影响关系间的链式中介效应受到自我感知可雇佣性的调节作用。由此，结合假设 1 至假设 16，提出如下假设。

假设 17(H17)：自我感知可雇佣性在内部身份感知对组织认同的正向影响关系中起调节作用。

假设 18(H18)：自我感知可雇佣性对内部身份感知和组织认同在工作场所无礼行为与活力(H18a)、奉献(H18b)、专注(H18c)影响关系中的链式中介效应起调节作用。

3.5   理论模型构建

通过对主要研究变量的文献综述可知，关于工作投入的研究已取得不少成果，但仍处于不断探索阶段。虽有学者研究了工作场所无礼行为对工作投入的影响机制，如关奉民(2014)指出工作场所无礼行为对工作投入有着非常明显的负向作用，刘嫦娥等(2019)的研究表明上级无礼行为对员工工作投入有显著的负向作用，但这些研究大多以企业为研究背景，较少以学校特别是民办高校为研究背景。因此，要较全面地理解工作场所无礼行为对工作投入的影响机制与过程，就需要在已有研究的基础上进一步建构含有前因变量、中介变量、调节变量的较复杂的研究模型，进行多角度、多路径的探索。本书选取工作场所无礼行为作为工作投入的前因变量，并将内部身份感知和组织认同作为中介变量，自我感知可雇佣性作为各影响路径以及各中介效应的调节变量，构建有调节的链式中介模型，对各变量间的因果关系进行深入分析，探索工作场所无礼行为对工作投入的影响机制，总理论模型如图 3-6 所示。

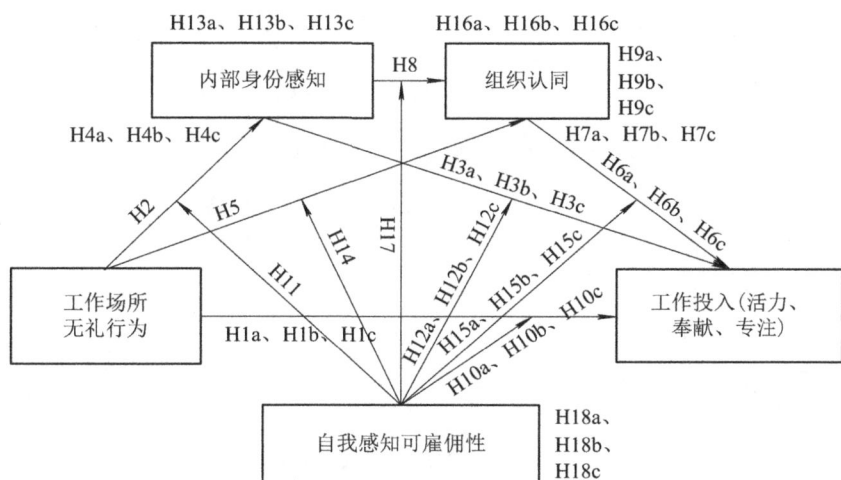

图 3-6 总理论模型

本书研究模型的架构层次如下：

(1) 将工作场所无礼行为作为前因变量，内部身份感知、组织认同、工作投入(活力、奉献、专注)作为结果变量，探讨工作场所无礼行为对以上变量的影响。

(2) 将内部身份感知和组织认同作为中介变量，探究二者在工作场所无礼行为对工作投入(活力、奉献、专注)作用路径中的简单中介效应和链式中介效应。

(3) 探究调节变量(自我感知可雇佣性)对理论模型中各路径的调节作用，进一步探究其对内部身份感知和组织认同链式中介效应的调节作用。

本 章 小 结

本章在梳理工作场所无礼行为、工作投入等相关文献的基础上，以我国民办高校为研究背景，以民办高校教师为研究对象，结合工作要求-资源模型、组织成员身份理论、社会交换理论、情感事件理论的推理，提出了 18 组理论假设，构建了有调节的链式中介模型，并逐层深入地分析了工作场所无礼行为对工作投入的影响机制。首先探讨工作场所无礼行为对工作投入的直接效应，在此基础上加入中介变量(内部身份感知和组织认同)，以探讨这两者在工作场所无礼行为对工作投入影响关系中的链式中介效应；然后加入调节变量(自我感知可雇佣性)，构建有调节的链式中介模型，从理论上深刻分析了工作场所无礼行为在不同自我感知可雇佣性情况下对工作投入的影响机制，为后续的实证研究奠定了理论基础。

第4章 问卷设计与量表验证

本章主要内容包括以下两方面:① 描述问卷的设计原则和思路,并借鉴国内外经典量表,形成主要研究变量的测量量表,然后介绍问卷调查对象和数据收集方法;② 基于所收集的客观数据,进行数据的正态分布检验和同源方差分析,在此基础上就量表的信效度检验进行探索性因子分析和验证性因子分析,然后对整体模型的拟合度进行检验。

4.1 问 卷 设 计

4.1.1 问卷设计原则

量表的设计主要有沿用现有成熟的量表和依据研究内容自行设计量表两种方式。相较而言,前者具有更好的信效度,但是后者与研究情境的适切性更强。本研究综合以上两种方式的优点,在引用经典量表的基础上,结合具体研究情境,对部分测量题项进行适当调整而形成本书的研究量表。由于问卷设计的合理性和科学性是回收数据的数量和质量的有效保障,也是研究结果具有可靠性的前提,设计问卷时应遵循以下原则:

(1) 规范性原则。问卷设计通常应由引言、指导语、测量题项、应答选项和致谢等组成。引言主要说明调查者身份、调查目的及内容、保密性承诺等,以此打消参与者的疑虑并对调查引起重视,进而配合作答。问卷应提供适当的指导语,帮助参与者准确理解测量题项,提高问卷回答质量。

(2) 逻辑性原则。问卷设计的内容和结构应与研究目的相匹配,应基于研究的整体理论模型进行维度划分、测量题项及选项的合理设计。因此,本研究依据理论模型,设计了调查对象的背景特征题项,工作场所无礼行为、工作投入、内部身份感知、组织认同和自我感知可雇佣性等研究变量的相关题项,以保证调查问卷的内容效度。

(3) 有效性原则。问卷的设计应避免填答者随意回答的现象。因此,本研究在通过问卷星设计问卷时,进行了如每个 IP 地址只能回答一次、各题选项完全一致则无法提交等相关设置,确保问卷数据的来源质量。

4.1.2　问卷设计与预调查

设计一份高质量的问卷是收集数据，保证数据信效度的重要前提。基于以上问卷设计原则，本研究按照以下四个过程科学设计问卷。

(1) 经典文献研读。本研究借鉴国内外成熟量表，确保问卷的信效度。通过文献收集和研读，找到工作场所无礼行为、内部身份感知、组织认同、自我感知可雇佣性和工作投入等研究变量的经典量表，并采用德尔菲法咨询专家意见，做相应的修改和完善，使引用的这些成熟量表能与本研究情境相匹配，形成问卷初稿。

(2) 学术研讨。针对问卷初稿，就量表设计的规范性、逻辑性及有效性多次向导师及专家请教，并在学术研讨例会上，就题项间的逻辑关系、措辞等方面多次与老师展开深入交流与研讨。对于需修改的题项，多次查阅相关文献，并反复打磨，使各量表能对研究变量进行准确测量，形成问卷第二稿。

(3) 走访调研。为避开学术、专业、模糊措辞的测量题目致使答卷者无法理解问卷的情况，笔者调研访谈了数所民办高校的教师，并根据反馈建议修改完善相关题项，形成调查问卷第三稿。

(4) 问卷预测试。为检测问卷设计的合理性及其信效度，笔者在正式发放问卷前，随机选取 6 所民办高校教师，共发放调查问卷 60 份。采用李克特 5 级评分法对工作场所无礼行为、内部身份感知、组织认同、自我感知可雇佣性和工作投入等研究变量进行测量，从"非常不同意"到"非常同意"依次记为"1"至"5"分，填答者根据自身实际情况与各题项的符合程度选择相应选项。在预测试期间，笔者保持与填答者的联系与沟通，反复深入听取有关问卷的合理性、可操作性方面的建议，再结合经典文献的仔细阅读与深入研究，再次修改并完善调查问卷，并根据采用 SPSS22.0 对预调查问卷进行的信效度分析结果，再次打磨问卷，形成定稿(见附录)。

本书正式问卷由引言、测量量表、基本情况三部分组成，其中第一部分主要向填答者说明问卷调查目的与保密性等，以消除其顾虑，便于做出较客观的回答；第二部分则是问卷主体，共 40 个题项，主要由工作场所无礼行为、内部身份感知、组织认同、自我感知可雇佣性和工作投入等研究变量的测量题项组成；第三部分共有 8 个关于填答者及其所在学校基本信息的题项，以确认填答者正是本研究的调查对象。

4.1.3　变量测量

假设关系验证的重要环节在于研究变量量表的选取，其验证结果的客观性取决于各量表题项设置的准确性和有效性。本研究须对 5 个变量进行测度，分别是工作场所无礼行为、内部身份感知、组织认同、自我感知可雇佣性和工作投入(活力、奉献和专注)。采用经典文献研究法界定各变量概念，以保证问卷的内容效度，引用学界成熟量表并结合研究情境进行适当修改，再通过探索性因子和验证性因子分析得到各量表，以保证问卷的信效度。

1. 工作场所无礼行为

(1) 操作性定义。强度低、伤害意图不明显、违背工作场所相互尊重这一基本规范的行为，具有粗鲁无礼，不尊重他人等特点。

(2) 量表。从受施者视角出发，以民办高校教师为研究对象，结合研究实际，参考 Cortina 等(2013)开发的量表，采用从"从来没有"到"总是"的李克特 5 点记分方式，测量参与者过去一年经历工作场所无礼行为(来自领导或同事)的频率。

2. 内部身份感知

(1) 操作性定义。与客观地被视为"局内人"或"局外人"不同，内部身份感知是教师主观上对自己作为所在学校的内部成员的感知程度。

(2) 量表。在借鉴众多学者研究结果的基础上，重点借鉴了 Stamper 和 Masterson(2002)编制的量表，该量表共计 6 个题项，采用从"非常不同意"到"非常同意"的李克特 5 点记分方式。

3. 组织认同

(1) 操作性定义。教师信服所在学校的发展愿景，体现出组织归属感、组织忠诚度以及组织认同度。

(2) 量表。在借鉴众多学者研究成果的基础上，重点借鉴了 Mael 和 Ashforth(1992)编制的量表，该量表共计 6 个题项，采用从"非常不同意"到"非常同意"的李克特 5 点记分方式。

4. 自我感知可雇佣性

(1) 操作性定义。教师将个人属性特征如工作经验、知识技能、学习能力、人力资本等因素与市场供需关系进行比较，所形成的关于自身可雇佣性的主观感知。

(2) 量表。在借鉴众多学者研究结果的基础上，重点借鉴了曾垂凯(2011)修订的由 Rothwell 和 Arnold(2007)编制的自我感知可雇佣性量表，该量表共 11 项，前 7 项用于测量自我感知的外部就业能力，后 4 项用于测量自我感知的内部就业能力。根据研究的实际情况，参考对民办高校教师的调研结果，本研究选取自我感知外部可雇佣性维度的 7 个题项，并适当修改，采用李克特 5 点记分方式，从"1"至"5"依次表示"非常不同意"到"非常同意"。

5. 工作投入

(1) 操作性定义。教师热爱并享受本职工作，专注并融入其中，体现积极探索和乐于奉献的精神状态，具有专注、活力和奉献的特点。

(2) 量表。在借鉴众多学者研究结果的基础上，重点借鉴了 Schaufeli 等(2006)编制的工作投入量表(UWES-9)，该量表共计 9 个题项，3 个维度(活力、奉献、专注)，采用从"从来没有"到"总是"的李克特 5 点记分方式。

6. 控制变量

本研究将调查对象的性别(1 = 男性、2 = 女性)，年龄(1 = 25 岁及以下、2 = 26～35 岁、3 = 36～45 岁、4 = 46 岁及以上)，受教育程度(1 = 高中及以下、2 = 大专、3 = 本科、4 = 硕士、5 = 博士)，职称(1 = 未定级、2 = 初级、3 = 中级、4 = 副高、5 = 正高)，学校性质(1 = 民办高职(专科)、2 = 民办本科(独立学院))，工作年限(1 = 少于 1 年、2 = 1～5 年、3 = 6～10 年、4 = 10 年以上)，婚姻状况(1 = 已婚、2 = 未婚)，工作类型(1 = 教学人员、2 = 教学兼行政人员、3 = 行政人员)作为控制变量。

4.1.4　数据收集

本研究以民办高校教师为研究对象，采用问卷调查法收集数据。借助问卷星录入已经设计好的问卷，生成问卷链接或者问卷二维码，通过知乎、腾讯 QQ、微信等平台发放问卷，并对问卷的填答做了一定限制以保证所采集数据的有效性和客观性。例如，相同的 IP 地址只能填写一次问卷，以避免重复问卷；问卷未完成，无法提交；每个题目的回答完全相同，无法提交。共发放 539 份问卷，回收到来自云南、四川、吉林、广东、广西、浙江、上海、北京等省份及直辖市数十所民办高校的有效问卷 517 份，有效回收率为 96%，调查对象的人口统计学信息如表 4-1 所示。

表 4-1　人口统计学信息

人口统计学特征	类　别	频率	比例/%
性别	男	185	35.78
	女	332	64.22
年龄	25 岁以下	163	31.53
	26～35 岁	272	52.61
	36～45 岁	63	12.19
	46 岁以上	19	3.68

续表

人口统计学特征	类　别	频率	比例/%
受教育程度	高中以下	17	3.29
	大专	61	11.8
	本科	284	54.93
	硕士研究生	93	17.99
	博士研究生	62	11.99
职称	未定级	237	45.84
	初级	106	20.5
	中级	97	18.76
	副高	26	5.03
	正高	51	9.86
工作年限	1 年以下	81	15.67
	1～5 年	242	46.81
	6～10 年	109	21.08
	10 年以上	85	16.44
婚姻状况	已婚	274	53
	未婚	243	47
工作类型	教师	318	61.51
	行政兼课教师	87	16.83
	行政人员	112	21.66

由表 4-1 可知，从调查对象的性别来看，男性(185 人)明显少于女性(332 人)；从年龄来看，26～35 岁的调查对象居多，占比为 52.61%，而 46 岁以上的相对较少，占比仅为 3.68%；从受教育程度来看，本科学历的调查对象占比最大(54.93%)，其次是硕士研究生学历，占比为 17.99%；从职称来看，未定级和初级的调查对象相对较多，占比分别为 45.84%、20.5%；就工作年限来看，工作 1～5 年和工作 6～10 年的调查对象相对较多，占比分别为 46.81%、21.08%；从婚姻状况来看，已婚的稍多于未婚的调查对象；从工作类型来说，超过一半以上(61.51%)的调查对象为教学人员。总体来说，本次问卷调查实际获得的数据满足了研究的预设条件，对该数据的分析具有代表性。

层次回归分析和结构方程模型分析所需要的样本量与研究变量的个数有关。一般来说，样本数量为量表题项数的 10 倍比较好。综上，本书设计的量表题项共 40 个，有效样本数为 517，符合要求，可用于后续的层次回归分析和结构方程模型分析。

4.2 数据质量分析

4.2.1 正态分布检验

数据符合正态分布是大样本调查统计分析的前提条件，因此，量表所有题项都应进行均值、标准差、偏度和峰度分析。学界认为，通过描述性统计得到的测量题项偏度和峰度值，当前者绝对值小于 3，后者绝对值小于 10 时，则数据基本服从正态分布。本节借助 SPSS22.0 软件对量表各题项进行正态分布检验，由表 4-2 的分析结果可知，所有题项的偏度绝对值和峰度绝对值均符合标准，表明所采集数据服从正态分布。

表 4-2 量表题项描述性统计分析

题项	均值	标准差	方差	偏度	峰度
WI1	2.01	0.940	0.884	0.848	0.556
WI2	1.82	0.863	0.745	1.100	1.392
WI3	1.54	0.840	0.706	1.836	3.579
WI4	1.69	0.924	0.854	1.466	1.879
WI5	1.94	0.898	0.806	1.025	1.250
WI6	1.65	0.880	0.774	1.533	2.321
WI7	1.43	0.812	0.660	2.388	6.210
WI8	1.38	0.800	0.640	2.567	6.954
WI9	1.54	0.822	0.675	1.813	3.676
WI10	1.43	0.781	0.610	2.270	5.849
WI11	1.42	0.800	0.640	2.257	5.447
WI12	1.47	0.845	0.715	2.168	4.892
PIS1	3.57	1.079	1.164	−0.885	0.305
PIS2	3.56	1.106	1.224	−0.800	0.049
PIS3	3.53	1.091	1.191	−0.805	0.121
PIS4	3.64	1.040	1.081	−0.902	0.496
PIS5	3.56	1.081	1.169	−0.809	0.145
PIS6	3.53	1.102	1.215	−0.691	−0.101
OI1	3.64	1.137	1.293	−0.860	0.083
OI2	3.68	1.067	1.139	−0.949	0.508
OI3	3.71	1.069	1.143	−0.920	0.390
OI4	3.77	1.059	1.121	−1.112	0.882
OI5	3.68	1.074	1.154	−0.871	0.294
OI6	3.70	1.093	1.194	−0.981	0.418

续表

题项	均值	标准差	方差	偏度	峰度
SPE1	3.30	1.057	1.117	−0.499	−0.036
SPE2	3.24	1.030	1.061	−0.331	−0.030
SPE3	3.29	1.012	1.024	−0.448	0.172
SPE4	3.23	1.003	1.007	−0.277	0.086
SPE5	3.43	1.016	1.033	−0.619	0.257
SPE6	3.33	1.002	1.004	−0.382	0.156
SPE7	3.34	1.016	1.032	−0.447	0.122
WE1	3.31	1.173	1.375	−0.366	−0.623
WE2	3.30	1.153	1.330	−0.254	−0.706
WE3	3.43	1.147	1.316	−0.424	−0.560
WE4	3.22	1.202	1.445	−0.146	−0.894
WE5	3.76	1.145	1.312	−0.861	0.024
WE6	3.33	1.162	1.350	−0.308	−0.639
WE7	3.33	1.226	1.502	−0.273	−0.814
WE8	3.35	1.199	1.438	−0.309	−0.750
WE9	3.24	1.268	1.608	−0.208	−0.959

注：WI、PIS、OI、SPE、WE 分别代表工作场所无礼行为、内部身份感知、组织认同、自我感知可雇佣性、工作投入；WI1～WI12 分别对应量表中 WI 的 1～12 题项，其他类同。

4.2.2　同源方差分析

由于每份问卷都由同一填答者通过自我评估填写，存在共同方法偏差的可能性，因此借鉴 Harman 单因素检验法来分析偏差的影响，同时对所有测量题项进行主成分分析，观察旋转前的因子分析情况，如果提取的某个因子的解释力大于标准值50%，则共同方法偏差严重。本节对问卷的40个测量题项进行主成分分析，包括工作场所无礼行为(12个题项)、内部身份感知(6个题项)、组织认同(6个题项)、自我感知可雇佣性(7个题项)和工作投入(9个题项)。在未旋转情况下出现5个特征值大于1的因子，累积解释方差为78.71%，其中最大因子特征值为15.13，方差解释率(38.80%)未超过临界值50%，表明同源偏差在可接受范围内，可进行后续的统计分析。

4.2.3　量表的信度和效度检验

量表信度分析(Reliability Analysis)又称可靠性分析，用来度量各量表是否具有一定的稳定性和可靠性。学界一般采用 Cronbach's α 系数来衡量问卷信度，本书基于学者吴明隆(2010)

的研究，将Cronbach's α系数的判断标准整理，如表4-3所示。学界普遍认为，当量表的Cronbach's α值达到0.7时，则信度良好，本研究将采用该标准。对所采集数据进行校正的项共计相关性(Corrected Item Total Correlation，CITC)分析和信度分析，将CITC值大于0.5，信度系数大于0.7作为筛选测量题项的标准。

表 4-3　Cronbach's α 系数的判断标准

Cronbach's α 取值	判断标准
Cronbach's α 值＜0.35	非常不理想
0.35≤Cronbach's α 值＜0.50	不理想
0.50≤Cronbach's α 值＜0.70	勉强接受
0.70≤Cronbach's α 值＜0.80	信度适宜
Cronbach's α 值≥0.80	信度非常好

注：根据吴明隆(2010)的研究整理。

1. 量表信度分析

1) 工作场所无礼行为量表信度分析

本节借助 SPSS22.0 对工作场所无礼行为量表进行 CITC 分析及信度检验，结果见表4-4。由表 4-4 可知，所有题项条目的 CITC 值均大于 0.5，因此保留所有测量题项，量表整体 Cronbach's α 值为 0.958，表明其内在信度非常高。

表 4-4　工作场所无礼行为量表 CITC 及信度分析

项目	CITC	项已删除的 Cronbach's α 值	Cronbach's α 值
WI1	0.623	0.957	
WI2	0.723	0.955	
WI3	0.818	0.952	
WI4	0.826	0.951	
WI5	0.755	0.954	
WI6	0.835	0.951	
WI7	0.791	0.953	0.958
WI8	0.820	0.952	
WI9	0.832	0.951	
WI10	0.842	0.951	
WI11	0.808	0.952	
WI12	0.791	0.953	

注：WI1～WI12 分别表示工作场所无礼行为量表的题项 1～12。

2) 内部身份感知量表信度分析

本节利用 SPSS22.0 对内部身份感知量表进行 CITC 分析及信度检验，结果见表 4-5。所有题项条目的 CITC 值均大于 0.5，因此保留所有测量题项，量表 Cronbach's α 值为 0.962，表明其内在信度非常高。

表 4-5　内部身份感知量表 CITC 及信度分析

项目	CITC	项已删除的 Cronbach's α 值	Cronbach's α 值
PIS1	0.855	0.958	
PIS2	0.909	0.952	
PIS3	0.871	0.956	
PIS4	0.911	0.952	0.962
PIS5	0.870	0.956	
PIS6	0.862	0.957	

注：PIS1～PIS6 分别表示内部身份感知量表的题项 1～6。

3) 组织认同量表信度分析

本节利用 SPSS22.0 对组织认同量表进行 CITC 分析及信度检验，结果见表 4-6。所有题项条目的 CITC 值均大于 0.5，因此保留所有题项，量表 Cronbach's α 值为 0.952，其具有非常高的内在信度。

表 4-6　组织认同量表 CITC 及信度分析

题项	CITC	项已删除的 Cronbach's α 值	Cronbach's α 值
OI1	0.846	0.944	
OI2	0.854	0.943	
OI3	0.868	0.941	
OI4	0.884	0.939	0.952
OI5	0.853	0.943	
OI6	0.803	0.948	

注：OI 表示组织认同，OI1～OI6 分别表示组织认同量表的题项 1～6。

4) 自我感知可雇佣性量表信度分析

本节利用 SPSS22.0 对自我感知可雇佣性量表进行 CITC 分析及信度检验，结果见表 4-7。所有题项条目的 CITC 值均大于 0.5，因此保留所有题项，量表 Cronbach's α 值为 0.971，其具有非常高的内在信度。

表 4-7　自我感知可雇佣性量表 CITC 及信度分析

题项	CITC	项已删除的 Cronbach's α 值	Cronbach's α 值
SPE1	0.857	0.970	
SPE2	0.909	0.966	
SPE3	0.907	0.966	
SPE4	0.911	0.966	0.971
SPE5	0.898	0.966	
SPE6	0.892	0.967	
SPE7	0.893	0.967	

注：SPE1～SPE7 分别表示自我感知可雇佣性量表的题项 1～7。

5) 工作投入量表信度分析

本节利用 SPSS22.0 对工作投入量表进行 CITC 分析及信度检验，结果见表 4-8。该量表 3 个维度活力、奉献、专注的所有测量题项的 CITC 值均大于 0.5，Cronbach's α 值分别为 0.852、0.935 和 0.919，均符合标准($\alpha>0.7$)，因此各维度所有测量题项均可保留。工作投入量表整体 Cronbach's α 值为 0.965，表示其内在信度非常高。

表 4-8　工作投入量表 CITC 及信度分析

维度	项目	CITC	项已删除的 Cronbach's α 值	分维度 Cronbach's α 值	总体 Cronbach's α 值
活力	WE1	0.800	0.718	0.852	0.965
	WE2	0.812	0.707		
	WE5	0.573	0.927		
奉献	WE3	0.894	0.886	0.935	
	WE4	0.869	0.904		
	WE7	0.839	0.929		
专注	WE6	0.812	0.904	0.919	
	WE8	0.885	0.844		
	WE9	0.817	0.902		

注：WE1～WE9 分别表示工作投入量表的题项 1～9。

综上分析，工作场所无礼行为、内部身份感知、组织认同、自我感知可雇佣性和工作投入等研究变量量表具有良好的信度(表 4-9)。

表 4-9　各变量的信度分析结果汇总

变　　量		题目数	Cronbach's α 系数	
工作场所无礼行为		12	0.958	
内部身份感知		6	0.962	
组织认同		6	0.952	
自我感知可雇佣性		7	0.971	
工作投入	活力	3	0.852	0.965
	奉献	3	0.935	
	专注	3	0.919	

2. 量表结构效度分析

为验证所采集数据是否适合因子分析,本模块借助 SPSS22.0 运用探索性因子分析对各量表进行解析,并利用 KMO(Kaiser-Meyer-Olkin)样本测度和 Bartlett 球形度检验结果做出判断。学界一致认为,KMO 值>0.9 时,非常适合因子分析;0.8<KMO 值≤0.9 时,较适合因子分析;0.7<KMO 值≤0.8 时,适合因子分析;KMO 值≤0.7,不适宜因子分析。Bartlett 检验用来判断变量各维度间的关联度,一般用指标 p 值进行测量,p 值小于 0.05 说明相关性显著。本研究以 Bartlett 球形度检验在 $p<0.05$ 水平上显著,且 KMO 值>0.8 为标准,对这 5 个测量量表进行结构效度分析。

1)　工作场所无礼行为量表结构效度分析

由表 4-10 可知,工作场所无礼行为量表 KMO 值为 0.955(大于 0.9),且 Bartlett 球形度检验在 $p<0.05$ 水平上显著,非常符合因子分析的判断标准,故该量表数据可用于探索性因子分析研究。

表 4-10　工作场所无礼行为量表 KMO 和 Bartlett 球形度检验

KMO 值		0.955
Bartlett 球形度检验	近似卡方	5779.213
	df	66
	p	0.000

由表 4-11 可知,以特征根大于 1 的标准提取因子,经过探索性因子分析共得到 1 个主要成分(图 4-1),特征值为 8.21,旋转后的方差解释率为 68.45%,旋转后累积方差解释率为68.45%。本书工作场所无礼行为量表中 12 个题项归属的因子与原假设维度一致,且没有跨因子载荷现象出现。为找出因子对于研究项的信息提取情况,以及因子和研究项的对应关系,采用最大方差旋转法进行旋转。由表 4-11 可知,因子和研究项之间有着较强的关联性,且可以有效提取信息,因为所有研究项对应的共同度值均高于 0.4。此外,各因子的载荷系

数绝对值均大于学界标准(0.4)，表明工作场所无礼行为量表所提取的因子和研究项有对应关系。因此，该量表具有较高的结构效度。

表 4-11　工作场所无礼行为量表探索性因子分析

因子	特 征 根			旋转前方差解释率			旋转后方差解释率			因子载荷系数	共同度
	特征根	方差解释率/%	累积/%	特征根	方差解释率/%	累积/%	特征根	方差解释率/%	累积/%		
WI1	8.214	68.453	68.453	8.214	68.453	68.453	8.214	68.453	68.453	0.666	0.443
WI2	0.935	7.788	76.241	—	—	—	—	—	—	0.759	0.576
WI3	0.517	4.309	80.550	—	—	—	—	—	—	0.848	0.720
WI4	0.418	3.487	84.037	—	—	—	—	—	—	0.856	0.733
WI5	0.374	3.120	87.157	—	—	—	—	—	—	0.789	0.623
WI6	0.330	2.748	89.904	—	—	—	—	—	—	0.867	0.751
WI7	0.273	2.279	92.184	—	—	—	—	—	—	0.833	0.694
WI8	0.230	1.915	94.098	—	—	—	—	—	—	0.860	0.740
WI9	0.201	1.673	95.771	—	—	—	—	—	—	0.865	0.749
WI10	0.195	1.626	97.397	—	—	—	—	—	—	0.877	0.770
WI11	0.164	1.368	98.765	—	—	—	—	—	—	0.848	0.719
WI12	0.148	1.235	100.000	—	—	—	—	—	—	0.834	0.696

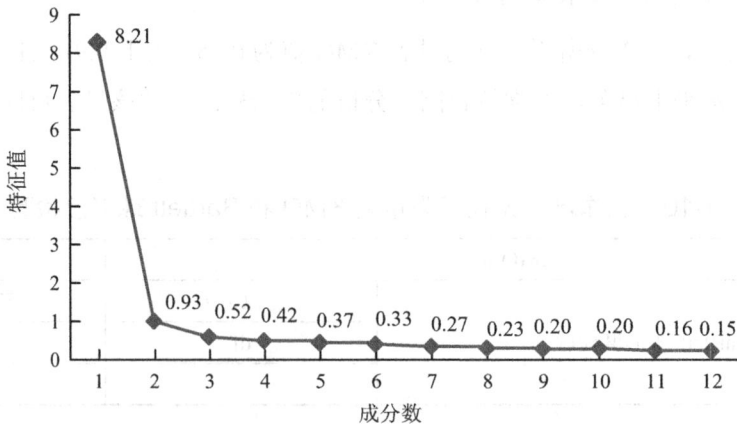

图 4-1　工作场所无礼行为探索性因子分析碎石图

2) 内部身份感知量表结构效度分析

从表 4-12 可知，内部身份感知量表 KMO 值为 0.912(大于 0.9)，且 Bartlett 球形度检验在 $p < 0.05$ 水平上显著，非常符合因子分析的判断标准，故该量表数据可用于探索性因子分析研究。

表 4-12　内部身份感量表 KMO 和 Bartlett 球形度检验

KMO 值		0.912
Bartlett 球形度检验	近似卡方	3714.295
	df	15
	p 值	0.000

　　由表 4-13 可知，以特征根大于 1 的标准提取因子，经过探索性因子分析共得到 1 个主要成分(图 4-2)，其特征值为 5.05，该因子旋转后的方差解释率是 84.17%，旋转后累积方差解释率为 84.17%。内部身份感知量表中 6 个题项归属的因子与原假设维度一致，且没有跨因子载荷现象出现。此外，所有研究项对应的共同度值均高于学界标准(0.4)，且各因子的载荷系数绝对值也均大于学界标准(0.4)。因此，该量表具有较高的结构效度。

表 4-13　内部身份感知量表探索性因子分析

因子	特 征 根			旋转前方差解释率			旋转后方差解释率			因子载荷系数	共同度
	特征根	方差解释率/%	累积/%	特征根	方差解释率/%	累积/%	特征根	方差解释率/%	累积/%		
PIS1	5.050	84.171	84.171	5.050	84.171	84.171	5.050	84.171	84.171	0.899	0.809
PIS2	0.370	6.164	90.335	—	—	—				0.938	0.881
PIS3	0.203	3.376	93.712	—	—	—				0.911	0.830
PIS4	0.151	2.508	96.220	—	—	—				0.940	0.883
PIS5	0.129	2.147	98.367	—	—	—				0.910	0.829
PIS6	0.098	1.633	100.000	—	—	—				0.905	0.819

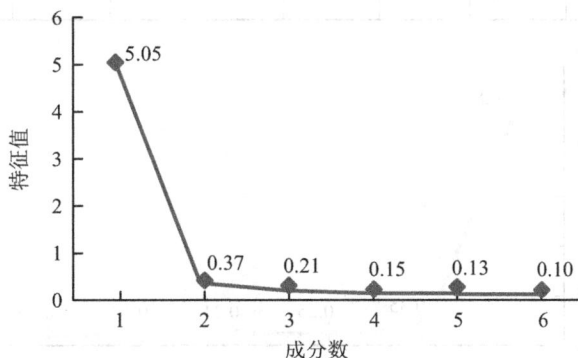

图 4-2　内部身份感知探索性因子分析碎石图

3) 组织认同量表结构效度分析

　　由表 4-14 可知，组织认同量表 KMO 值为 0.929(大于 0.9)，且 Bartlett 球形度检验在 $p < 0.05$ 水平上显著，非常符合因子分析的判断标准，故该量表数据可用于探索性因子分析研究。

表 4-14　组织认同量表 KMO 和 Bartlett 球形度检验

KMO 值		0.929
Bartlett 球形度检验	近似卡方	3045.454
	df	15
	p 值	0.000

由表 4-15 可知，以特征根大于 1 的标准提取因子，经过探索性因子分析共得到 1 个主要成分(图 4-3)，特征值为 4.85，此因子旋转后的方差解释率是 80.75%，旋转后累积方差解释率为 80.75%。组织认同量表中 6 个题项归属的因子与原假设维度一致，且没有跨因子载荷现象出现。此外，所有研究项对应的共同度值均高于学界标准(0.4)，且各因子的载荷系数绝对值也均大于学界标准(0.4)。因此，该量表具有较高的结构效度。

表 4-15　组织认同量表探索性因子分析

因子	特 征 根			旋转前方差解释率			旋转后方差解释率			因子载荷系数	共同度
	特征根	方差解释率/%	累积/%	特征根	方差解释率/%	累积/%	特征根	方差解释率/%	累积/%		
OI1	4.845	80.748	80.748	4.845	80.748	80.748	4.845	80.748	80.748	0.895	0.801
OI2	0.351	5.844	86.592	—	—	—	—	—	—	0.900	0.810
OI3	0.248	4.132	90.723	—	—	—	—	—	—	0.911	0.829
OI4	0.208	3.472	94.196	—	—	—	—	—	—	0.922	0.850
OI5	0.187	3.113	97.309	—	—	—	—	—	—	0.900	0.810
OI6	0.161	2.691	100.000	—	—	—	—	—	—	0.863	0.744

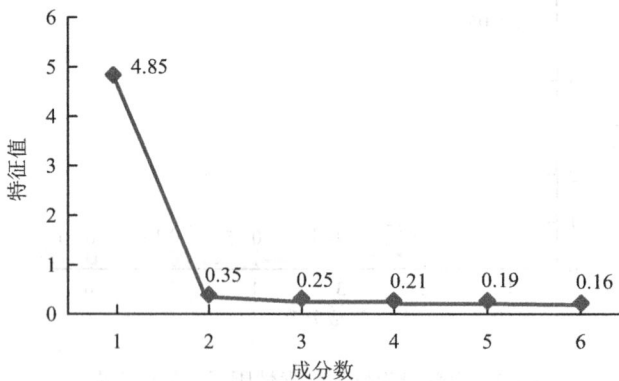

图 4-3　组织认同探索性因子分析碎石图

4) 自我感知可雇佣性量表结构效度分析

从表 4-16 可知，自我感知可雇佣性量表 KMO 值为 0.928(大于 0.9)，且 Bartlett 球形度检验在 $p<0.05$ 水平上显著，非常符合因子分析的判断标准，故该量表数据可用于探索性

因子分析研究。

表 4-16 自我感知可雇佣性量表 KMO 和 Bartlett 球形度检验

KMO 值		0.928
Bartlett 球形度检验	近似卡方	4914.623
	df	21
	p 值	0.000

由表 4-17 可知,经过探索性因子分析共得到 1 个主要成分(图 4-4),特征值为 5.98,此因子旋转后的方差解释率是 85.38%,旋转后累积方差解释率为 85.38%。自我感知可雇佣性量表 7 个题项归属的因子与原假设维度一致,且没有跨因子载荷现象出现。此外,所有研究项对应的共同度值均高于学界标准(0.4),各因子的载荷系数绝对值也均大于学界标准(0.4)。因此,此量表具有较高的结构效度。

表 4-17 自我感知可雇佣性量表探索性因子分析

因子	特 征 根			旋转前方差解释率			旋转后方差解释率			因子载荷系数	共同度
	特征根	方差解释率/%	累积/%	特征根	方差解释率/%	累积/%	特征根	方差解释率/%	累积/%		
SPE1	5.976	85.376	85.376	5.976	85.376	85.376	5.976	85.376	85.376	0.894	0.799
SPE2	0.384	5.492	90.867	—	—	—	—	—	—	0.934	0.872
SPE3	0.177	2.530	93.397	—	—	—	—	—	—	0.933	0.870
SPE4	0.146	2.085	95.481	—	—	—	—	—	—	0.936	0.876
SPE5	0.117	1.670	97.151	—	—	—	—	—	—	0.926	0.858
SPE6	0.104	1.483	98.634	—	—	—	—	—	—	0.922	0.850
SPE7	0.096	1.366	100.000	—	—	—	—	—	—	0.923	0.852

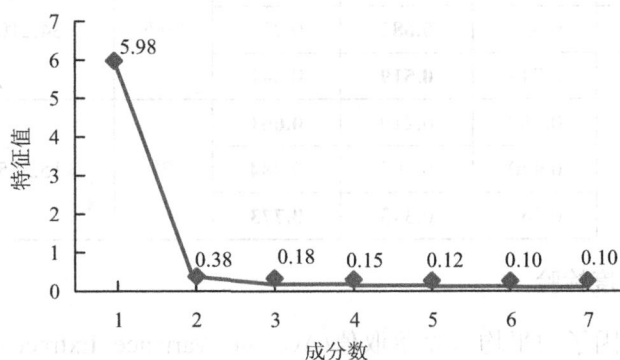

图 4-4 自我感知可雇佣性探索性因子分析碎石图

5) 工作投入量表结构效度分析

由表 4-18 可知，工作投入量表 KMO 值为 0.946(大于 0.9)，且 Bartlett 球形度检验在 $p<0.05$ 水平上显著，非常符合因子分析的判断标准，故该量表数据可用于探索性因子分析研究。

表 4-18　工作投入量表 KMO 和 Bartlett 球形度检验

KMO 值		0.946
Bartlett 球形度检验	近似卡方	5632.371
	df	36
	p 值	0.000

由表 4-19 可知，以特征根大于 1 的标准提取因子，经过探索性因子分析共得到 3 个主要成分，特征值分别为 3.58、3.08、1.38，此 3 个因子旋转后的方差解释率分别是 39.76%、34.21%、15.36%，旋转后累积方差解释率分别为 39.76%、73.97%、89.32%。工作投入量表中 9 个题项归属的因子与原有假设维度一致，且没有跨因子载荷现象出现。此外，使用最大方差旋转法分析可知，所有研究项对应的共同度值均高于 0.4，各因子的载荷系数绝对值均大于 0.4，表明自工作投入量表所提取的 3 个因子和研究项有对应关系。因此，该量表具有较高的结构效度。

表 4-19　工作投入量表探索性因子分析

因子名称	题项编号	因子载荷系数			特征根	方差解释率/%	累积/%	共同度
		因子 1	因子 2	因子 3				
活力	WE1	**0.853**	0.306	0.257				0.887
	WE2	**0.822**	0.432	0.218	3.578	39.757	39.757	0.911
	WE5	**0.905**	0.317	0.274				0.995
奉献	WE3	0.479	**0.778**	0.278				0.912
	WE4	0.557	**0.682**	0.236	3.079	34.210	73.967	0.830
	WE7	0.748	**0.519**	0.241				0.887
专注	WE6	0.360	0.219	**0.661**				0.869
	WE8	0.440	0.305	**0.784**	1.382	15.355	89.322	0.902
	WE9	0.362	0.343	**0.773**				0.846

3. 量表收敛效度检验

收敛效度可用因子的平均方差萃取值(Average Variance Extracted，AVE)和组合信度 (Composite Reliability，CR)来判定，即用量表各测量题目对其所归属潜变量的平均变异解释力衡量。本节采用 AMOS21.0 进行验证性因子分析，获取各题项的标准化因子载荷、AVE 值和 CR 值。学界普遍认为以下两条件是判断量表收敛效度的标准：① 量表各题项标准化因子载荷大于 0.7；② 用于聚合效度(收敛效度)分析的 AVE 值大于 0.5 且 CR 值大于 0.7。

1) 工作场所无礼行为量表收敛效度检验

工作场所无礼行为量表的验证性因子分析结果如表 4-20 所示，其拟合指标值均符合学界标准，量表显示出良好的结构效度。

表 4-20　工作场所无礼行为量表验证性因子分析

量表	卡方自由度比 χ^2/df	渐进均方根误差 RMSEA	拟合良好性指标 GFI	调整拟合良好性指标 AGFI	常规拟合指标 NFI	递增拟合指数 IFI	比较拟合指标 CFI
工作场所无礼行为	2.95	0.05	0.98	0.93	0.97	0.96	0.95

在此基础上对工作场所无礼行为量表的收敛效度进行检验，通过因子载荷系数(Factor Loading)值展示因子(潜变量)与分析项(显变量)之间的相关关系。学界认为，如果呈现出显著性(p 值<0.05)，且标准载荷系数值大于 0.7，则说明该分析项与因子间有较强的相关关系；如果没有呈现出显著性，或者标准载荷系数值较低(低于 0.4)，则说明该分析项与因子间的相关关系较弱。针对工作场所无礼行为量表共 1 个因子、12 个分析项进行收敛效度分析。由表 4-21 可知，AVE 值(0.65)大于 0.5，且 CR 值(0.96)高于 0.7，符合收敛效度的判断标准，表明该量表数据具有良好的收敛(聚合)效度。

表 4-21　工作场所无礼行为量表收敛效度检验

因子(潜变量)	分析项(显变量)	非标准载荷系数(Coef.)	标准误差 SE	z 值	p 值	标准载荷系数	平均方差萃取 AVE 值	组合信度 CR 值
工作场所无礼行为	WI1	1.000	—	—	—	0.711	0.647	0.956
	WI2	1.074	0.078	13.721	0.000	0.715		
	WI3	1.203	0.079	15.162	0.000	0.822		
	WI4	1.338	0.088	15.281	0.000	0.832		
	WI5	1.174	0.083	14.231	0.000	0.751		
	WI6	1.310	0.084	15.565	0.000	0.855		
	WI7	1.173	0.077	15.252	0.000	0.829		
	WI8	1.202	0.077	15.658	0.000	0.862		
	WI9	1.222	0.079	15.559	0.000	0.854		
	WI10	1.193	0.075	15.837	0.000	0.878		
	WI11	1.173	0.076	15.408	0.000	0.842		
	WI12	1.218	0.080	15.233	0.000	0.828		

2) 内部身份感知量表收敛效度检验

内部身份感知量表的验证性因子分析结果如表 4-22 所示，其拟合指标值均符合学界标准，显示出良好的结构效度。

表 4-22　内部身份感知量表验证性因子分析结果

量　表	χ^2/df	RMSEA	GFI	AGFI	NFI	IFI	CFI
内部身份感知	2.32	0.02	0.95	0.95	0.94	0.93	0.93

在此基础上对内部身份感知量表共 1 个因子、6 个分析项进行收敛效度分析。由表 4-23 可知，该量表 1 个因子、6 个分析项对应的 AVE 值(0.81)高于 0.5，且 CR 值(0.96)大于 0.7，显示出良好的聚合(收敛)效度。

表 4-23　内部身份感知量表收敛效度检验

因子 (潜变量)	分析项 (显变量)	非标准载荷 系数(Coef.)	标准误差 SE	z 值	p 值	标准载荷 系数	平均方差萃 取 AVE 值	组合信度 CR 值
内部身份 感知	PIS1	1.000	—	—	—	0.883	0.810	0.962
	PIS2	1.077	0.033	33.106	0.000	0.927		
	PIS3	1.024	0.034	30.238	0.000	0.893		
	PIS4	1.015	0.030	33.316	0.000	0.930		
	PIS5	1.008	0.034	29.872	0.000	0.888		
	PIS6	1.019	0.035	29.321	0.000	0.881		

3) 组织认同量表收敛效度检验

组织认同量表的验证性因子分析结果如表 4-24 所示，其拟合指标值均符合学界标准，显示出良好的结构效度。

表 4-24　组织认同量表验证性因子分析结果

量　表	χ^2/df	RMSEA	GFI	AGFI	NFI	IFI	CFI
组织认同	2.63	0.09	0.96	0.91	0.98	0.98	0.98

在此基础上对组织认同量表 1 个因子、6 个分析项进行收敛效度分析。由表 4-25 可知，AVE 值(0.77)高于 0.5，且 CR 值(0.96)大于 0.7，显示出良好的聚合(收敛)效度。

表 4-25　组织认同量表收敛效度检验

因子 (潜变量)	分析项 (显变量)	非标准载荷 系数(Coef.)	标准误差 SE	z 值	p 值	标准载荷 系数	平均方差萃 取 AVE 值	组合信度 CR 值
组织认同	OI1	1.000	—	—	—	0.872	0.769	0.956
	OI2	0.944	0.034	28.100	0.000	0.878		
	OI3	0.962	0.033	29.128	0.000	0.893		
	OI4	0.972	0.032	30.389	0.000	0.911		
	OI5	0.952	0.034	28.187	0.000	0.879		
	OI6	0.913	0.036	25.101	0.000	0.828		

4) 自我感知可雇佣性量表收敛效度检验

自我感知可雇佣性量表的验证性因子分析结果如表 4-26 所示，其拟合指标值均符合学界标准，显示出良好的结构效度。

表 4-26　自我感知可雇佣性量表验证性因子分析结果

量　表	χ^2/df	GFI	AGFI	NFI	IFI	CFI	RMSEA
自我感知可雇佣性	2.87	0.93	0.97	0.92	0.931	0.93	0.097

在此基础上对自我感知可雇佣性量表共 1 个因子、7 个分析项进行收敛效度分析。由表 4-27 可知，AVE 值(0.83)高于 0.5，且 CR 值(0.97)大于 0.7，其显示出良好的聚合(收敛)效度。

表 4-27　自我感知可雇佣性量表收敛效度检验

因子 (潜变量)	分析项 (显变量)	非标准载荷 系数(Coef.)	标准误差 SE	z 值	p 值	标准载荷 系数	平均方差萃 取 AVE 值	组合信度 CR 值
自我感知 可雇佣性	SPE1	1.000	—	—	—	0.874	0.829	0.971
	SPE2	1.030	0.032	32.100	0.000	0.923		
	SPE3	1.012	0.032	32.065	0.000	0.923		
	SPE4	1.008	0.031	32.440	0.000	0.927		
	SPE5	1.005	0.032	31.261	0.000	0.913		
	SPE6	0.986	0.032	30.892	0.000	0.908		
	SPE7	0.998	0.032	30.788	0.000	0.907		

5) 工作投入量表收敛效度检验

工作投入量表的验证性因子分析结果如表 4-28 所示,其拟合指标值均符合学界标准,显示出良好的结构效度。

表 4-28　工作投入量表验证性因子分析结果

量表	χ^2/df	GFI	AGFI	NFI	IFI	CFI	RMSEA
工作投入	2.68	0.92	0.97	0.94	0.92	0.93	0.09

在此基础上对工作投入量表共 3 个因子、9 个分析项进行收敛效度。由表 4-29 可知,该量表活力、奉献、专注 3 个因子对应的 AVE 值(0.79、0.83、0.78)均高于 0.5,且 CR 值(0.87、0.94、0.91)均大于 0.7,显示出良好的聚合(收敛)效度。

表 4-29　工作投入量表收敛效度检验

因子 (潜变量)	分析项 (显变量)	非标准载荷 系数(Coef.)	标准误差 SE	z 值	p 值	标准载荷 系数	平均方差萃 取 AVE 值	组合信度 CR 值
活力	WE1	1.000	—	—	—	0.898	0.785	0.874
	WE2	1.042	0.029	36.422	0.000	0.951		
	WE5	0.685	0.041	16.692	0.000	0.630		
奉献	WE3	1.000	—	—	—	0.931	0.829	0.936
	WE4	1.005	0.029	35.159	0.000	0.893		
	WE7	1.043	0.028	37.172	0.000	0.909		
专注	WE6	1.000	—	—	—	0.931	0.778	0.913
	WE8	0.989	0.029	34.658	0.000	0.892		
	WE9	0.973	0.034	28.588	0.000	0.830		

对工作投入量表各维度进行验证性因子分析,用于区分效度研究。工作投入各维度 Pearson 相关系数和 AVE 平方根值见表 4-30,表格中斜对角线为 AVE 平方根值,其余值为相关系数。AVE 平方根值可表示因子的聚合性,如果因子的聚合性很强(明显强于与其他因子间的相关系数绝对值),则说明其具有区分效度;如果某因子 AVE 平方根值大于该因子与其他因子的相关系数绝对值,并且所有因子均呈现这样的情况,则说明量表具有良好的区分效度。由表 4-30 可知,3 个因子分别对应的最小 AVE 平方根值为 0.882,大于因子间相关系数的最大值 0.879。此外,展示因子与因子之间相关关系的标准载荷系数值均大于 0.70(见表 4-31),且全部均呈现出显著性,表明工作投入 3 个因子间有较强的相关关系。因此,工作投入量表研究数据区分效度较好。

表 4-30　工作投入各维度 Pearson 相关系数与 AVE 平方根值

因子	活力	奉献	专注
活力	0.886		
奉献	0.879	0.911	
专注	0.869	0.823	0.882

注：斜对角线数字为 AVE 平方根值。

表 4-31　工作投入因子协方差

因子	非标准载荷系数 (Coef.)	标准误差 SE	z 值	p 值	标准载荷系数
活力-奉献	1.081	0.075	14.351	0.000	0.963
活力-专注	1.061	0.075	14.114	0.000	0.933
奉献-专注	1.156	0.077	14.950	0.000	1.003

4.2.4　整体模型拟合检验

本研究采用 AMOS21.0 检验各主要变量之间的区分效度以及各量表的相应测量参数，对工作场所无礼行为、内部身份感知、组织认同、自我感知可雇佣性、工作投入所组成的五因子模型进行验证性因子分析，并对比其他模型的分析结果。从表 4-32 中可发现，五因子模型明显优于其他模型，拟合比较好（$\chi^2/df = 2.04$，GFI = 0.95，AGFI = 0.92，NFI = 0.99，CFI = 0.91，IFI = 0.91，RMSEA = 0.08），表明五因子模型具有良好的区分效度。

表 4-32　各类模型拟合指标

量　表	χ^2/df	RMSEA	GFI	AGFI	NFI	IFI	CFI
五因子模型	2.038	0.077	0.951	0.921	0.985	0.911	0.911
四因子模型 [a]	8.737	0.297	0.635	0.679	0.729	0.831	0.831
四因子模型 [b]	9.827	0.196	0.641	0.578	0.828	0.735	0.735
四因子模型 [c]	7.863	0.287	0.531	0.799	0.859	0.631	0.631
三因子模型 [d]	8.857	0.189	0.672	0.773	0.623	0.871	0.831
单因子模型 [e]	19.843	0.156	0.681	0.759	0.529	0.736	0.731

注：a 将工作场所无礼行为、自我感知可雇佣性和工作投入各作为 1 个因子，内部身份感知和组织认同合并为 1 个潜在因子，构成四因子模型；b 将工作场所无礼行为、内部身份感知和工作投入各作为 1 个因子，组织认同和自我感知可雇佣性合并为 1 个潜在因子，构成四因子模型；c 将工作场所无礼行为、组织认同和工作投入各作为 1 个因子，内部身份感知和自我感知可雇佣性合并为 1 个潜在因子，构成四因子模型；d 将工作场所无礼行为和工作投入各作为 1 个因子，内部身份感知、组织认同和自我感知可雇佣性归并为 1 个因子，形成三因子模型；e 将所有题项归并成 1 个因子。

在此基础上对五因子模型的聚敛效度进行检验，见表4-33。针对本研究的整体理论模型共5个因子、40个分析项进行收敛效度检验可知，5个因子对应的AVE值(0.65、0.76、0.81、0.77、0.83)均高于0.5，且CR值(0.96、0.97、0.96、0.95、0.97)均大于0.7，呈现出良好的聚合(收敛)效度。

表4-33　五因子模型收敛效度分析

因子 (潜变量)	分析项 (显变量)	非标准载荷 系数(Coef.)	标准误差 SE	z 值	p 值	标准载荷 系数	平均方差萃 取AVE值	组合信度 CR值
工作场所无礼行为	WI1	1.000	—	—	—	0.611	0.647	0.956
	WI2	1.073	0.078	13.726	0.000	0.715		
	WI3	1.203	0.079	15.174	0.000	0.823		
	WI4	1.339	0.088	15.300	0.000	0.833		
	WI5	1.175	0.082	14.241	0.000	0.752		
	WI6	1.310	0.084	15.579	0.000	0.855		
	WI7	1.172	0.077	15.250	0.000	0.829		
	WI8	1.201	0.077	15.660	0.000	0.862		
	WI9	1.222	0.079	15.565	0.000	0.854		
	WI10	1.191	0.075	15.829	0.000	0.876		
	WI11	1.172	0.076	15.412	0.000	0.842		
	WI12	1.218	0.080	15.239	0.000	0.828		
工作投入	WE1	1.000	—	—	—	0.856	0.760	0.966
	WE2	1.044	0.035	29.429	0.000	0.908		
	WE3	1.069	0.034	31.353	0.000	0.935		
	WE4	1.073	0.037	28.634	0.000	0.896		
	WE5	0.763	0.043	17.717	0.000	0.669		
	WE6	1.072	0.035	30.652	0.000	0.926		
	WE7	1.110	0.038	29.474	0.000	0.909		
	WE8	1.061	0.038	28.119	0.000	0.888		
	WE9	1.046	0.042	24.661	0.000	0.828		
内部身份感知	PIS1	1.000	—	—	—	0.885	0.811	0.962
	PIS2	1.076	0.032	33.546	0.000	0.928		
	PIS3	1.017	0.034	30.211	0.000	0.889		
	PIS4	1.009	0.030	33.422	0.000	0.927		
	PIS5	1.007	0.033	30.168	0.000	0.889		
	PIS6	1.021	0.034	29.825	0.000	0.884		

续表

因子 (潜变量)	分析项 (显变量)	非标准载荷 系数(Coef.)	标准误差 SE	z 值	p 值	标准载荷 系数	平均方差萃 取 AVE 值	组合信度 CR 值
组织 认同	OI1	1.000	—	—	—	0.878	0.769	0.952
	OI2	0.940	0.033	28.765	0.000	0.880		
	OI3	0.951	0.032	29.371	0.000	0.888		
	OI4	0.962	0.031	30.824	0.000	0.908		
	OI5	0.951	0.033	29.080	0.000	0.884		
	OI6	0.899	0.036	25.098	0.000	0.822		
自我 感知 可雇 佣性	SPE1	1.000	—	—	—	0.874	0.829	0.971
	SPE2	1.030	0.032	32.123	0.000	0.923		
	SPE3	1.012	0.031	32.120	0.000	0.923		
	SPE4	1.007	0.031	32.448	0.000	0.927		
	SPE5	1.005	0.032	31.309	0.000	0.913		
	SPE6	0.986	0.032	30.917	0.000	0.908		
	SPE7	0.997	0.032	30.797	0.000	0.907		

对五因子模型各因子进行区分效度分析，结果见表 4-34。由表可知，5 个因子分别对应的 AVE 平方根最小值为 0.804，大于因子间相关系数的最大值 0.775。因此，五因子模型具有良好的区分效度。

表 4-34　五因子模型的 Pearson 相关与 AVE 平方根值

因　子	1	2	3	4	5
1. 工作场所无礼行为	0.804				
2. 内部身份感知	−0.136	0.872			
3. 组织认同	−0.146	0.774	0.900		
4. 自我感知可雇佣性	−0.146	0.730	0.775	0.877	
5. 工作投入	0.168	0.183	0.271	0.291	0.910

注：斜对角线数字为 AVE 平方根值。

本 章 小 结

本章首先阐述了问卷的设计原则和形成过程，并在借鉴国内外成熟量表的基础上，对所涉及的研究变量(工作场所无礼行为、内部身份感知、组织认同、自我感知可雇佣性、工作投入)进行可操作化定义及测量。通过预测试，对初始问卷进行修订与打磨形成正式调研问卷，共 48 个测量题项，其中包括工作场所无礼行为的 12 个题项、内部身份感知的 6 个题项、组织认同的 6 个题项、自我感知可雇佣性的 7 个题项、工作投入的 9 个题项和 8 个控制变量的测量题项。然后介绍了问卷调查对象、数据采集方式和过程，并对大样本数据质量进行了分析，主要包括正态分布检验、同源方差分析、信效度分析等，结果表明研究变量的测量量表均具有良好的信效度，在此基础上进行整体理论模型的拟合度检验，发现五因子模型具有良好的信效度，整体拟合度较好。本章相关内容为下一章的研究假设检验奠定了数据基础。

第5章 实证分析与假设检验

本章首先就控制变量对主要研究变量的差异性进行独立样本T检验和单因素方差分析，再对数据进行描述性统计及相关性分析，然后采用层次回归分析法和Bootstrap法，并借助Process程序对理论模型和研究假设集的合理性进行验证。

5.1 独立样本 T 检验和方差分析

本节对控制变量进行独立样本T检验和单因素方差分析，以判断人口统计学变量对于主要研究变量的差异性。其中，就性别、学校性质、婚姻状况进行独立样本T检验，就年龄、受教育程度、职称、工作年限、工作类型进行单因素方差分析。

5.1.1 性别差异的独立样本 T 检验

本节借助SPSS22.0软件采用独立样本T检验法进行数据分析，以性别为分组变量，考察不同性别教师的工作场所无礼行为、内部身份感知、组织认同、自我感知可雇佣性、工作投入(活力、奉献、专注)均值是否存在显著差异，分析结果见表5-1。

表 5-1　主要研究变量在性别上的独立样本 T 检验

变量	性别	样本量	均值	标准差 SD	方差齐次检验			均值差异检验 p			差异显著性
					F 值	显著性 Sig.	是否齐次	t 值	显著性 Sig.	均值差值	
工作场所无礼行为	男	185	1.68	0.81	10.173	0.002	否	1.640	0.102	0.113	否
	女	332	1.57	0.63							
内部身份感知	男	185	3.50	1.14	17.830	0.000	否	−0.992	0.322	−0.097	否
	女	332	3.60	0.90							
组织认同	男	185	3.59	1.10	12.933	0.000	否	−1.729	0.085	−0.163	否
	女	332	3.76	0.89							

变量	性别	样本量	均值	标准差 SD	方差齐次检验			均值差异检验 p			差异 显著性
					F 值	显著性 Sig.	是否 齐次	t 值	显著性 Sig.	均值 差值	
自我感知 可雇佣性	男	185	3.39	1.09	18.057	0.000	否	1.371	0.171	0.127	否
	女	332	3.26	0.85							
活力	男	185	3.45	1.15	14.905	0.000	否	-0.064	0.949	-0.006	否
	女	332	3.46	0.94	14.905	0.000	否	-0.064	0.949	-0.006	否
奉献	男	185	3.33	1.25	10.565	0.001	否	-0.005	0.996	-0.001	否
	女	332	3.33	1.04							
专注	男	185	3.28	1.22	5.602	0.018	否	-0.341	0.733	-0.036	否
	女	332	3.32	1.07							

注：方差齐次检验和均值差异检验的显著性水平均为 0.05。

由表 5-1 可知，在置信度 95% 的情况下，性别对于工作场所无礼行为、内部身份感知、组织认同、自我感知可雇佣性、活力、奉献、专注各项均没有呈现出显著性差异（$p > 0.05$），接受均值相等的假设，如图 5-1 所示。

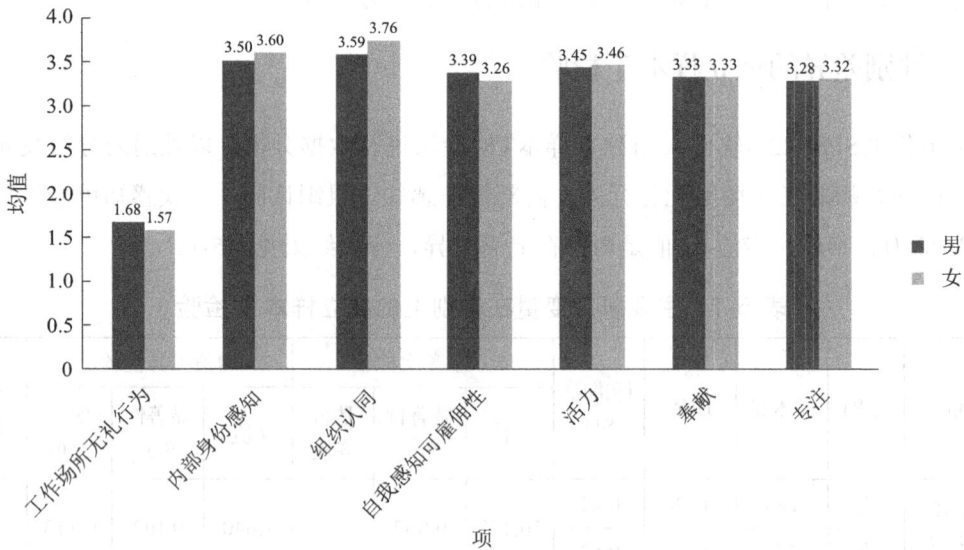

图 5-1　性别和所有项分析对比

5.1.2　婚姻状况差异的独立样本 T 检验

本节以婚姻状况为分组变量，以工作场所无礼行为、内部身份感知、组织认同、自我感知可雇佣性、工作投入为检验变量，采用独立样本T检验法进行数据分析，结果见表5-2。

表 5-2　主要研究变量在婚姻状况上的独立样本 T 检验

变量	婚姻状况	样本量	均值	标准差 SD	方差齐次检验			均值差异检验 p			差异显著性
					F 值	Sig.	是否齐次	t 值	Sig.	均值差值	
工作场所无礼行为	已婚	274	1.65	0.68	0.082	0.775	是	1.269	0.205	0.078	否
	未婚	243	1.57	0.73							
内部身份感知	已婚	274	3.49	1.03	1.788	0.182	是	−1.741	0.082	−0.152	否
	未婚	243	3.65	0.95							
组织认同	已婚	274	3.70	0.99	0.006	0.939	是	−.061	0.951	−0.005	否
	未婚	243	3.70	0.96							
自我感知可雇佣性	已婚	274	3.43	0.96	0.861	0.354	是	3.154**	0.002	0.260	是
	未婚	243	3.17	0.91							
活力	已婚	274	3.36	1.05	1.073	0.301	是	−2.134*	0.033	−0.190	是
	未婚	243	3.56	0.97							
奉献	已婚	274	3.21	1.15	0.591	0.442	是	−2.670**	0.008	−0.262	是
	未婚	243	3.47	1.07							
专注	已婚	274	3.20	1.16	1.945	0.164	是	−2.399*	0.017	−0.236	是
	未婚	243	3.43	1.07							

注：方差齐次检验和均值差异检验的显著性水平均为 0.05。

从表5-2可知，在置信度95%的情况下，婚姻状况对于工作场所无礼行为、内部身份感知、组织认同这3项没有呈现出显著性差异($p>0.05$)，接受均值相等的假设；而对于自我感知可雇佣性、活力、奉献、专注这4项则表现出显著性差异($p<0.05$)，不接受均值相等的假设，如图5-2所示。具体分析可知，婚姻状况对于自我感知可雇佣性呈现出0.01水平显著性($t=3.154$，$p=0.002$)，已婚的平均值(3.43)明显高于未婚的平均值(3.17)；对于活力呈现出显著性($t=-2.134$，$p=0.033<0.05$)，未婚的平均值(3.56)高于已婚的平均值(3.36)；对于奉献呈现出显著性($t=-2.670$，$p=0.008<0.01$)，已婚的平均值(3.21)明显低于未婚的平均值(3.47)；对于专注呈现出显著性($t=-2.399$，$p=0.017<0.05$)，已婚的平均值(3.20)明显低于未婚的平均值(3.43)。

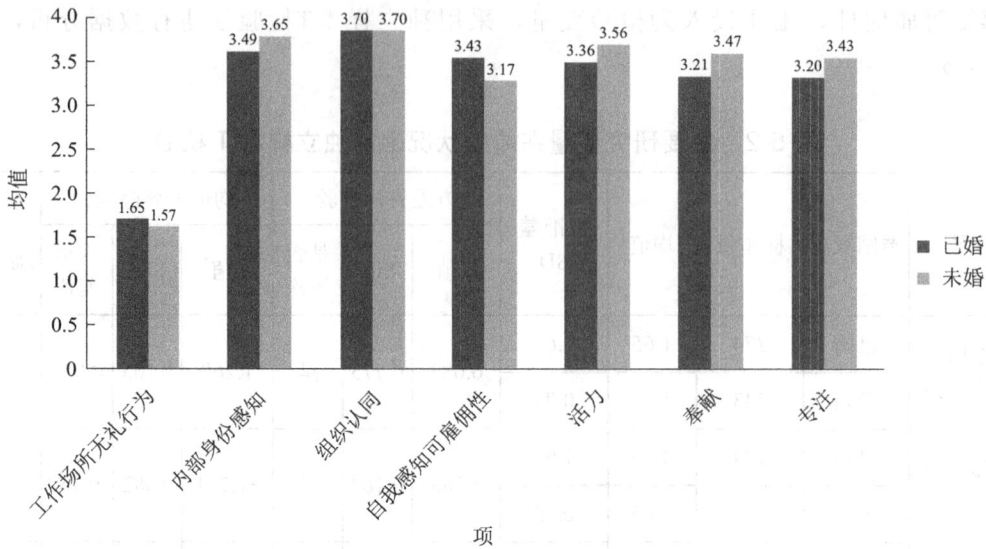

图 5-2　婚姻状况和所有项分析对比

5.1.3　学校性质差异的独立样本 T 检验

采用独立样本T检验来验证学校性质对于工作场所无礼行为、内部身份感知、组织认同、自我感知可雇佣性、工作投入等变量的差异性，数据处理结果见表5-3。

表 5-3　主要研究变量在学校性质上的独立样本 T 检验

变量	学 校 性 质	样本量	均值	标准差 SD	方差齐次检验			均值差异检验 p			差异 显著性
					F 值	Sig.	是否 齐次	t 值	Sig.	均值 差值	
工作场所 无礼行为	民办高职(专科)	399	1.61	0.72	0.425	0.515	是	0.285	0.776	0.021	否
	民办本科(独立学院)	118	1.59	0.64							
内部身份 感知	民办高职(专科)	399	3.65	0.95	4.835	0.028	否	3.190**	0.002	0.355	是
	民办本科(独立学院)	118	3.29	1.09							
组织 认同	民办高职(专科)	399	3.75	0.94	2.738	0.099	是	2.185*	0.029	0.221	是
	民办本科(独立学院)	118	3.53	1.07							
自我感知 可雇佣性	民办高职(专科)	399	3.27	0.89	6.328	0.012	否	-1.558	0.121	-0.170	否
	民办本科(独立学院)	118	3.44	1.08							
活力	民办高职(专科)	399	3.50	1.00	0.231	0.631	是	1.960	0.051	0.208	否
	民办本科(独立学院)	118	3.29	1.07							
奉献	民办高职(专科)	399	3.39	1.09	1.063	0.303	是	2.404*	0.017	0.281	是
	民办本科(独立学院)	118	3.11	1.19							
专注	民办高职(专科)	399	3.37	1.10	0.501	0.479	是	2.219*	0.027	0.260	是
	民办本科(独立学院)	118	3.11	1.18							

注：方差齐次检验和均值差异检验的显著性水平均为 0.05。

　　由表 5-3 可知，在置信度 95% 的情况下，学校性质对于工作场所无礼行为、自我感知可雇佣性、活力共 3 项并没有显著性差异($p > 0.05$)，接受均值相等的假设；而对于内部身份感知、组织认同、奉献、专注共 4 项表现出显著性差异($p < 0.05$)，不接受均值相等的假设，如图 5-3 所示。具体分析可知，学校性质对于内部身份感知呈现出显著性($t = 3.190$，$p = 0.002 < 0.01$)，民办本科(独立学院)的平均值(3.29)明显低于民办高职(专科)的平均值(3.65)；对于组织认同呈现出显著性($t = 2.185$，$p = 0.029 < 0.05$)，民办本科(独立学院)的平均值(3.53)低于民办高职(专科)的平均值(3.75)；对于奉献呈现出 0.05 水平显著性($t = 2.404$，$p = 0.017$)，民办高职(专科)的平均值(3.39)明显高于民办本科(独立学院)的平均值(3.11)；对于专注呈现 0.05 水平显著性($t = 2.219$，$p = 0.027$)，民办高职(专科)的平均值(3.37)明显高于民办本科(独立学院)的平均值(3.11)。

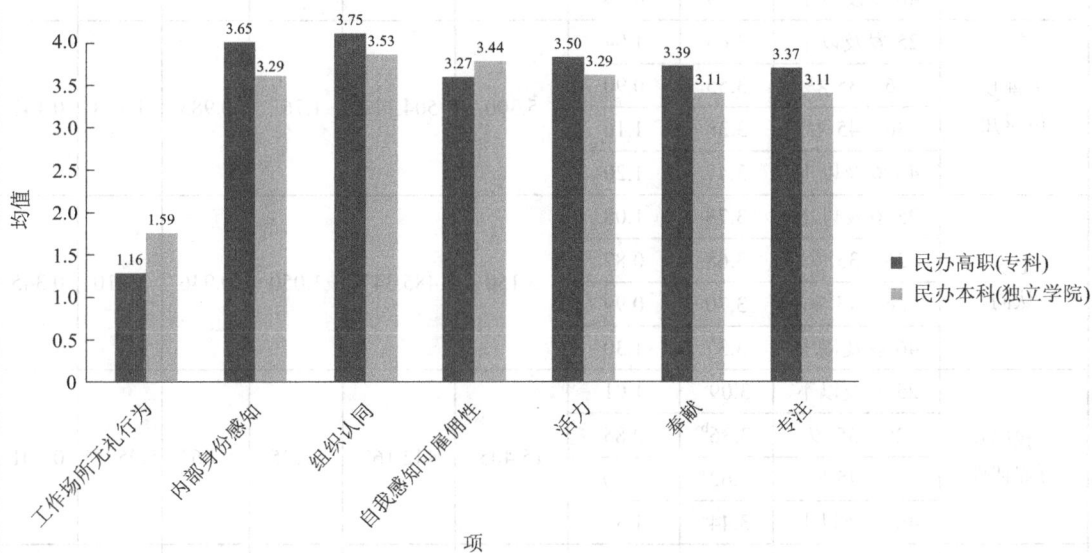

图 5-3　学校性质和所有项分析对比

5.1.4　年龄的单因素方差分析

　　本节以年龄为因素变量，就其对于主要研究变量的差异性，运用 SPSS22.0 统计软件进行单因素方差分析和两两比较 LSD(Least Significant Difference，最小显著性差异)分析。两两比较 LSD 法的字母标记规则如下：① 将全部平均数由大到小(从上到下)依次排列，然后在最大的平均数后标记字母 a；② 将最大平均数与其向下排列的各平均数相比较，凡差异不显著的，一律在平均数后标记同一字母 a，直到遇到与其差异显著的平均数，其后标记字母 b，向下比较停止；③ 以标有字母 b 的该平均数为标准，依次与上方比它大的各个平均数比较(向上过程)，凡差异不显著的，一律在该平均数后加标 b，直至遇到逾期差异显著的为止(开始"掉头"向下)；④ 再以标记有字母 b 的最大平均数为标准(向下过程)，依次与下面各未标记字母的平均数相比,凡差异不显著的,在其后继续标记字母 b,直至遇到某一个与其差异显著的平均数则标字母 c;⑤ 如此重复类推,直至最小的一个平均数有了标记字母则停止。总原则:凡有一个相同字母标记的视为差异不显著,凡有不同字母标记的视为差异显著。年龄的单因素方差分析结果见表 5-4。

表 5-4　年龄的单因素方差分析结果

分析项	项	均值	标准差 SD	组间 平方和	组内 平方和	组间 均方	组内 均方	F	p
工作场所 无礼行为	25 岁及以下	1.54	0.77	2.365	250.890	0.788	0.489	1.612	0.186
	26~35 岁	1.62	0.65						
	36~45 岁	1.76	0.69						
	46 岁及以上	1.59	0.79						
内部身 份感知	25 岁及以下	3.69	1.04	5.300	504.112	1.767	0.983	1.798	0.147
	26~35 岁	3.55	0.90						
	36~45 岁	3.36	1.16						
	46 岁及以上	3.47	1.20						
组织 认同	25 岁及以下	3.78	1.08	3.150	485.347	1.050	0.946	1.110	0.345
	26~35 岁	3.68	0.87						
	36~45 岁	3.70	0.99						
	46 岁及以上	3.37	1.30						
自我感知 可雇佣性	25 岁及以下	3.09[c]	1.01	15.405	442.167	5.135	0.862	5.958**	0.001
	26~35 岁	3.36[b]	0.85						
	36~45 岁	3.62[a]	0.90						
	46 岁及以上	3.44[a]	1.37						
活力	25 岁及以下	3.59	1.10	5.228	528.288	1.743	1.030	1.692	0.168
	26~35 岁	3.37	0.93						
	36~45 岁	3.44	1.05						
	46 岁及以上	3.53	1.27						
奉献	25 岁及以下	3.59[a]	1.16	13.697	635.520	4.566	1.239	3.685*	0.012
	26~35 岁	3.20[b]	1.06						
	36~45 岁	3.26[ab]	1.17						
	46 岁及以上	3.37[ab]	1.24						
专注	25 岁及以下	3.52[a]	1.15	11.663	639.677	3.888	1.247	3.118*	0.026
	26~35 岁	3.18[b]	1.08						
	36~45 岁	3.30[ab]	1.15						
	46 岁及以上	3.33[ab]	1.29						

注:*表示 $p<0.05$,**表示 $p<0.01$;不同小写字母表示年龄的差异性具有统计学意义($p<0.05$)。

从表 5-4 中可知，年龄对于工作场所无礼行为、内部身份感知、组织认同、活力共 4 项没有呈现出显著性差异($p>0.05$)，而对于自我感知可雇佣性、奉献、专注共 3 项则呈现出 0.05 水平的显著性，意味着年龄对于该 3 项有差异性，见图 5-4。在此基础上进行两两多重比较(LSD检验)可知，就自我感知可雇佣性而言，有明显差异的组别平均值得分对比结果为 25 岁及以下＜26～35 岁、25 岁及以下＜36～45 岁、26～35 岁＜36～45、25 岁及以下＜46 岁及以上(见图5-5)；就奉献而言，有明显差异的组别平均值得分对比结果为 26～35 岁＜25 岁及以下(见图5-6)；就专注而言，有明显差异的组别平均值得分对比结果为 26～35 岁＜25 岁及以下(见图5-7)。

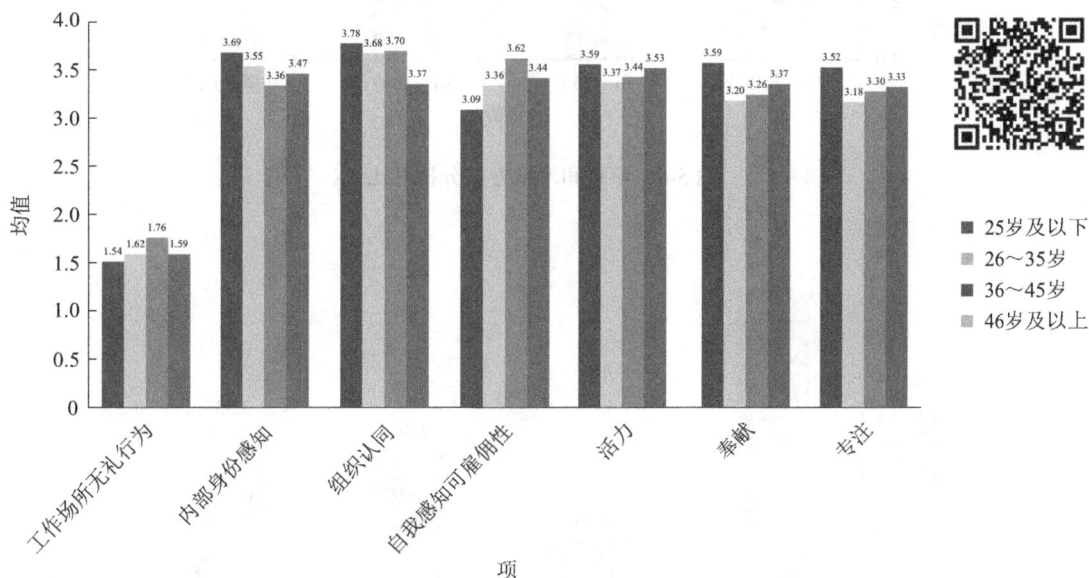

图 5-4　年龄和所有项分析对比

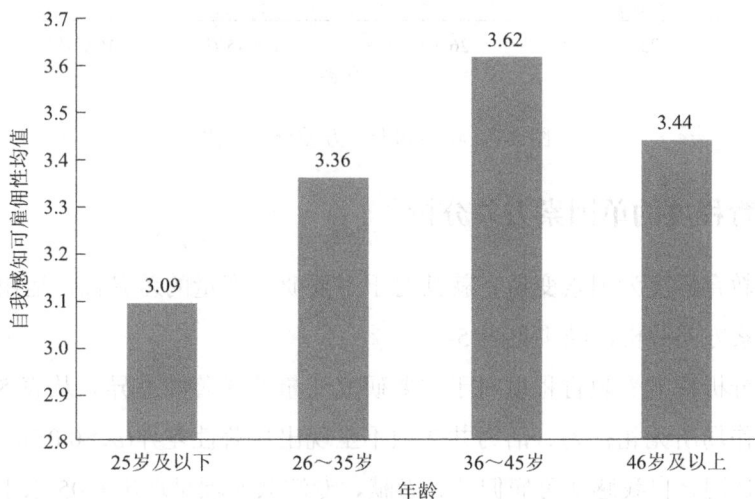

图 5-5　年龄和自我感知可雇佣性方差分析对比

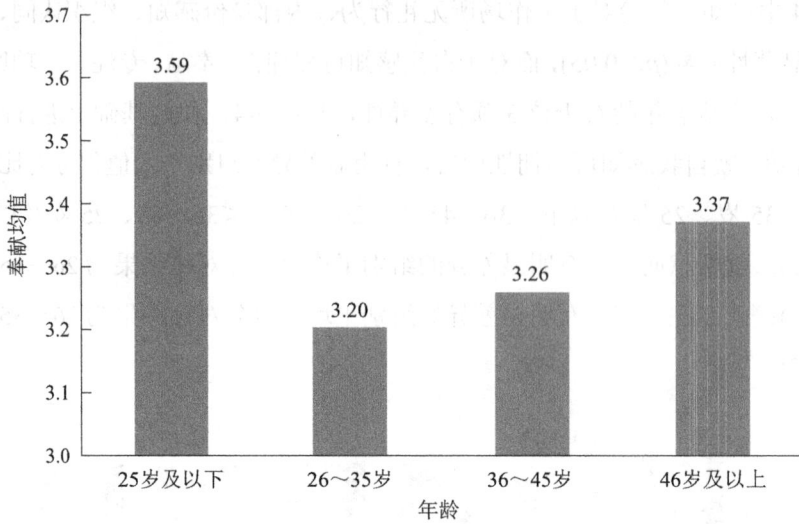

图 5-6   年龄和奉献方差分析对比

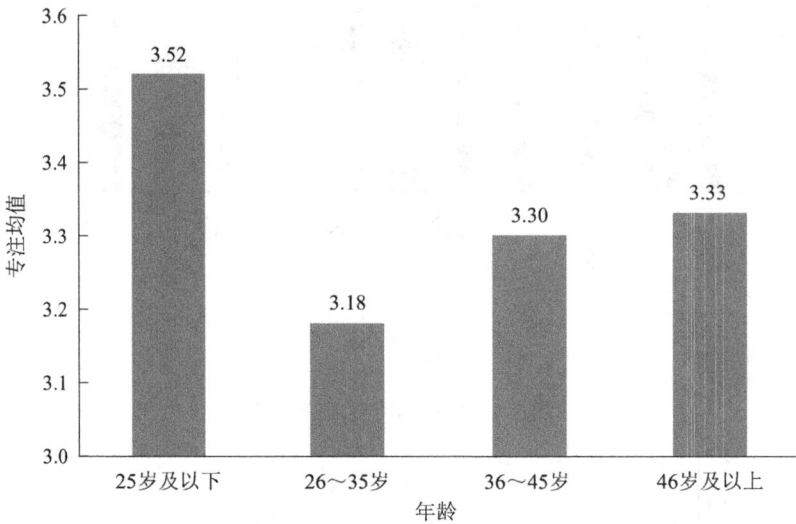

图 5-7   年龄和专注方差分析对比

5.1.5   受教育程度的单因素方差分析

本节以受教育程度为因素变量，就其对于主要研究变量的差异性，运用SPSS22.0统计软件进行单因素方差分析，结果见表 5-5。

利用方差分析探究受教育程度对于主要研究变量的显著性差异。从表 5-5 可知，受教育程度对于工作场所无礼行为、活力共 2 项不呈现出显著性差异($p > 0.05$)，而对于内部身份感知、组织认同、自我感知可雇佣性、奉献、专注共 5 项呈现出 0.05 水平显著性，意味着受教育程度对于该 5 项有着差异性(见图5-8)。

表 5-5　受教育程度的单因素方差分析结果

分析项	项	均值	标准差 SD	组间 平方和	组内 平方和	组间 均方	组内 均方	F	p
工作场所 无礼行为	高中及以下	1.56	0.92	1.923	251.332	0.481	0.491	0.979	0.418
	大专	1.57	0.69						
	本科	1.58	0.54						
	硕士	1.63	0.55						
	博士	1.77	1.27						
内部身份 感知	高中及以下	3.80[ab]	1.48	16.806	492.607	4.201	0.962	4.367**	0.002
	大专	3.93[a]	0.62						
	本科	3.59[b]	0.85						
	硕士	3.34[c]	0.92						
	博士	3.34[b]	1.58						
组织认同	高中及以下	3.39[c]	1.54	12.472	476.024	3.118	0.930	3.354*	0.010
	大专	3.99[a]	0.80						
	本科	3.74[ab]	0.82						
	硕士	3.60[bc]	0.84						
	博士	3.44[c]	1.54						
自我感知 可雇佣性	高中及以下	2.87[c]	1.48	20.136	437.436	5.034	0.854	5.892**	0.000
	大专	3.11[bc]	0.87						
	本科	3.33[b]	0.74						
	硕士	3.64[a]	0.73						
	博士	3.04[c]	1.59						
活力	高中及以下	3.59	1.75	6.463	527.053	1.616	1.029	1.570	0.181
	大专	3.64	0.76						
	本科	3.49	0.88						
	硕士	3.28	0.83						
	博士	3.35	1.62						
奉献	高中及以下	3.63[ab]	1.82	25.929	623.288	6.482	1.217	5.325**	0.000
	大专	3.73[a]	0.80						
	本科	3.31[b]	1.00						
	硕士	2.96[c]	0.98						
	博士	3.50[ab]	1.62						
专注	高中及以下	3.57[ab]	1.72	22.254	629.086	5.563	1.229	4.528**	0.001
	大专	3.70[a]	0.78						
	本科	3.29[b]	1.02						
	硕士	2.97[c]	0.99						
	博士	3.43[ab]	1.64						

注：*表示 $p<0.05$，**表示 $p<0.01$；不同小写字母表示受教育程度的差异性具有统计学意义（$p<0.05$）。

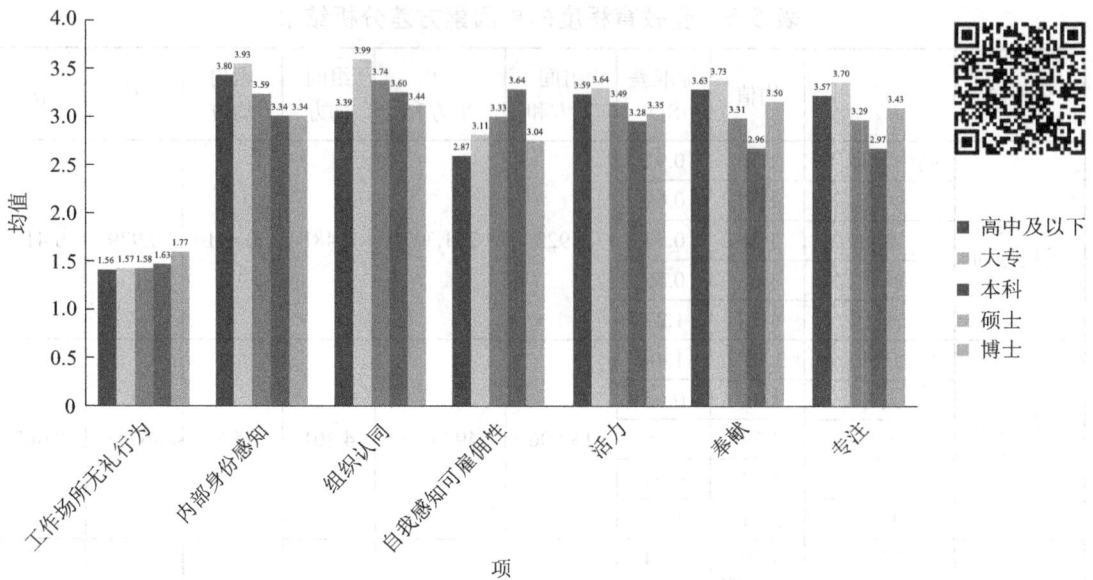

图 5-8   受教育程度和所有项分析对比

在此基础上进行两两多重比较可知，就内部身份感知而言，差异对比分析为本科＜大专、硕士＜大专、博士＜大专、硕士＜本科(见图5-9)；就组织认同而言，差异对比分析为高中及以下＜大专、硕士＜大专、博士＜大专、博士＜本科(见图5-10)；就自我感知可雇佣性而言，差异对比分析为高中及以下＜本科、高中及以下＜硕士、大专＜硕士、本科＜硕士、博士＜本科、博士＜硕士(见图5-11)；就奉献而言，差异对比分析为硕士＜高中及以下、本科＜大专、硕士＜大专、硕士＜本科、硕士＜博士(见图5-12)；就专注而言，差异对比分析为硕士＜高中及以下、本科＜大专、硕士＜大专、硕士＜本科、硕士＜博士(见图5-13)。

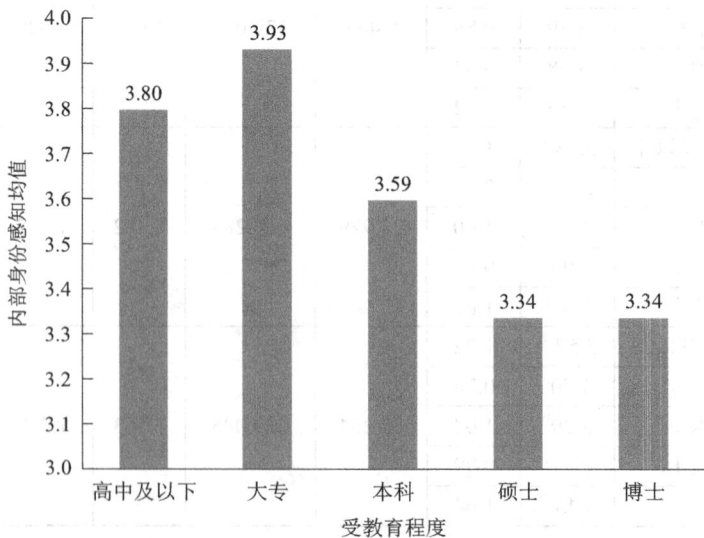

图 5-9   受教育程度和内部身份感知方差分析对比

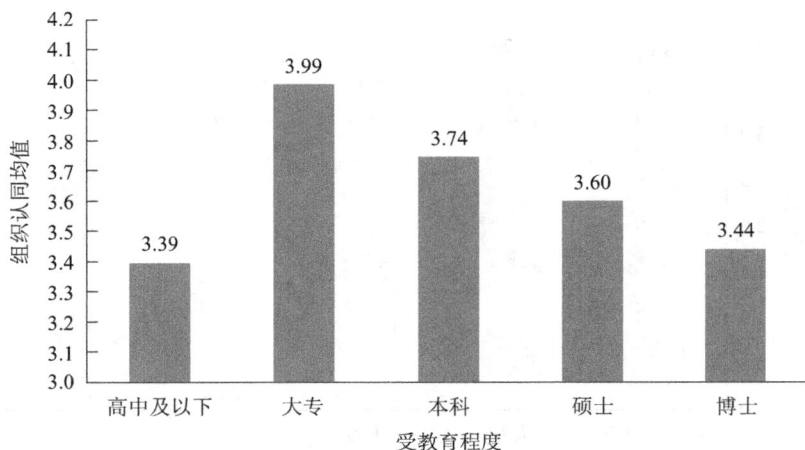

图 5-10　受教育程度和组织认同方差分析对比

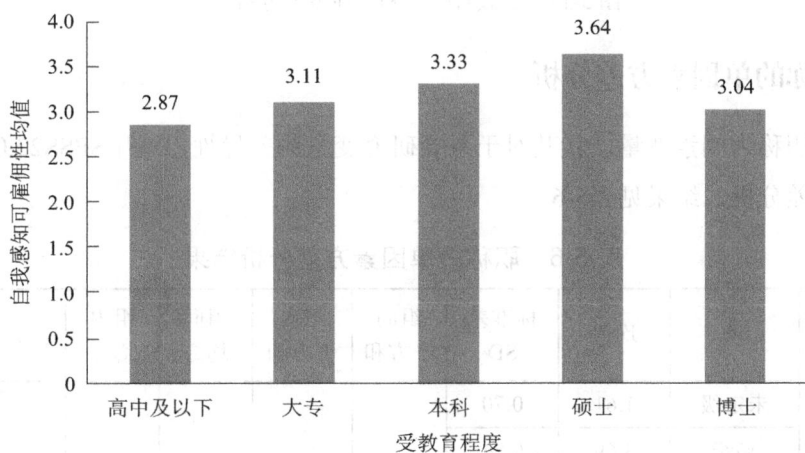

图 5-11　受教育程度和自我感知可雇佣性方差分析对比

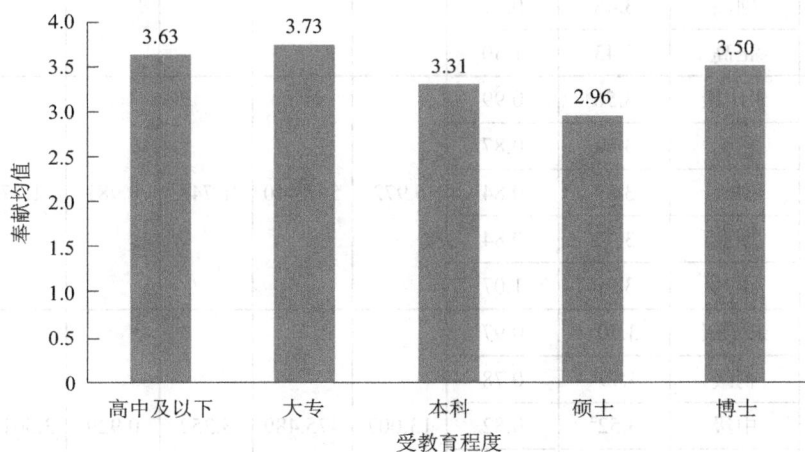

图 5-12　受教育程度和奉献方差分析对比

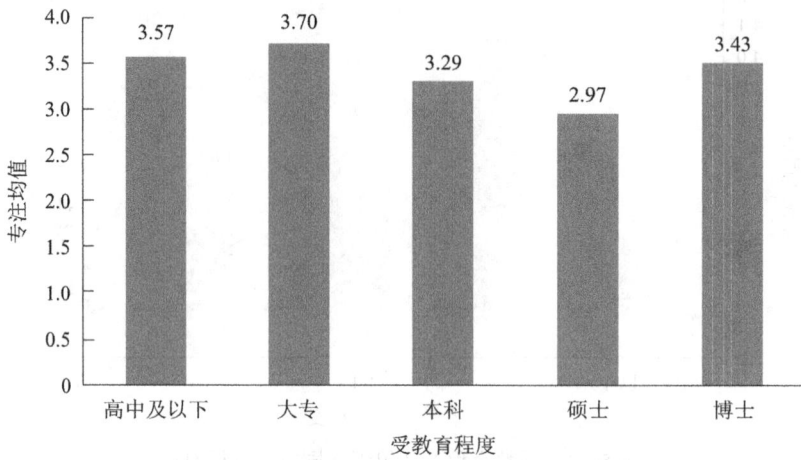

图 5-13　受教育程度和专注方差分析对比

5.1.6　职称的单因素方差分析

本节以职称为因素变量，就其对于主要研究变量的差异性，运用SPSS22.0统计软件进行单因素方差分析，结果见表5-6。

表 5-6　职称的单因素方差分析结果

分析项	项	均值	标准差 SD	组间平方和	组内平方和	组间均方	组内均方	F	p
工作场所无礼行为	未定级	1.61	0.70	4.502	248.753	1.126	0.486	2.317	0.056
	初级	3.69	0.84						
	中级	3.46	0.91						
	副高	3.48	0.91						
	正高	3.43	1.30						
内部身份感知	未定级	3.56	0.99	6.972	502.440	1.743	0.981	1.776	0.132
	初级	3.84	0.87						
	中级	3.57	0.84						
	副高	3.72	0.84						
	正高	3.59	1.07						
组织认同	未定级	3.70[a]	0.97	13.007	475.489	3.252	0.929	3.501**	0.008
	初级	3.19[b]	0.78						
	中级	3.52[a]	0.82						
	副高	3.55[a]	0.80						
	正高	3.24[b]	1.05						

续表

分析项	项	均值	标准差 SD	组间平方和	组内平方和	组间均方	组内均方	F	p
自我感知可雇佣性	未定级	3.19[b]	0.94	19.141	438.431	4.785	0.856	5.588**	0.000
	初级	3.52[a]	0.87						
	中级	3.55[a]	0.91						
	副高	3.24[a]	0.94						
	正高	3.01[b]	1.26						
活力	未定级	3.45	1.02	8.916	524.599	2.229	1.025	2.175	0.071
	初级	3.48	1.00						
	中级	3.03	1.00						
	副高	3.21	1.08						
	正高	3.35	1.33						
奉献	未定级	3.48[a]	1.12	18.056	631.161	4.514	1.233	3.662**	0.006
	初级	3.03[c]	1.01						
	中级	3.21[bc]	1.01						
	副高	3.35[ab]	1.03						
	正高	3.48[ab]	1.29						
专注	未定级	3.31[a]	1.12	20.257	631.083	5.064	1.233	4.109**	0.003
	初级	1.61[b]	0.70						
	中级	3.69[a]	0.84						
	副高	3.46[a]	0.91						
	正高	3.48[a]	0.91						

注：*表示 $p<0.05$，**表示 $p<0.01$；不同小写字母表示职称的差异性具有统计学意义($p<0.05$)。

从表 5-6 中可知，职称对于工作场所无礼行为、内部身份感知、活力没有呈现显著性差异($p>0.05$)，而对于组织认同、自我感知可雇佣性、奉献、专注呈现 0.05 水平的显著性，表明职称对于该 4 项有差异性(图 5-14)。在此基础上进行两两多重比较可知，就组织认同而言，有差异组别的平均值得分对比结果为未定级＞初级、未定级＞正高、中级＞正高(图 5-15)；就自我感知可雇佣性而言，有差异的组别平均值得分对比结果为初级＞未定级、中级＞未定级、初级＞正高、中级＞正高(图 5-16)；就奉献而言，有差异的组别平均值得分对比结果为未定级＞初级、未定级＞中级、正高＞初级(图 5-17)；就专注而言，有差异的组别平均值得分对比结果为初级＜未定级、初级＜正高(图 5-18)。

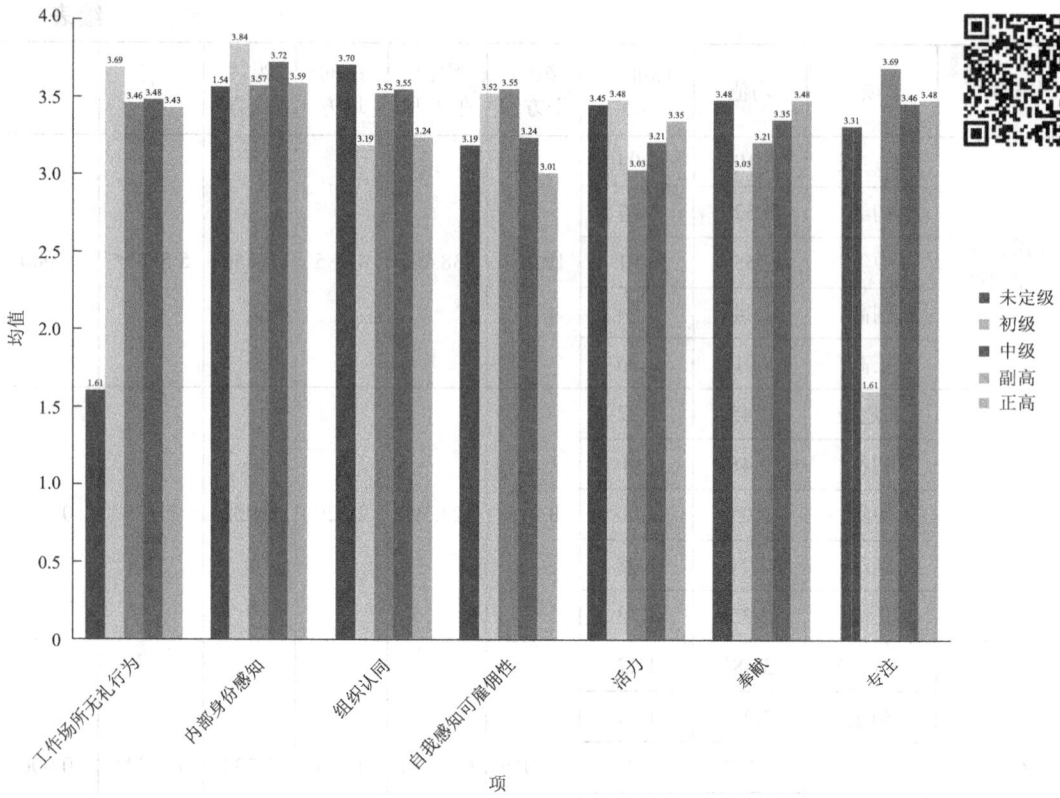

图 5-14　职称和所有项方差分析对比

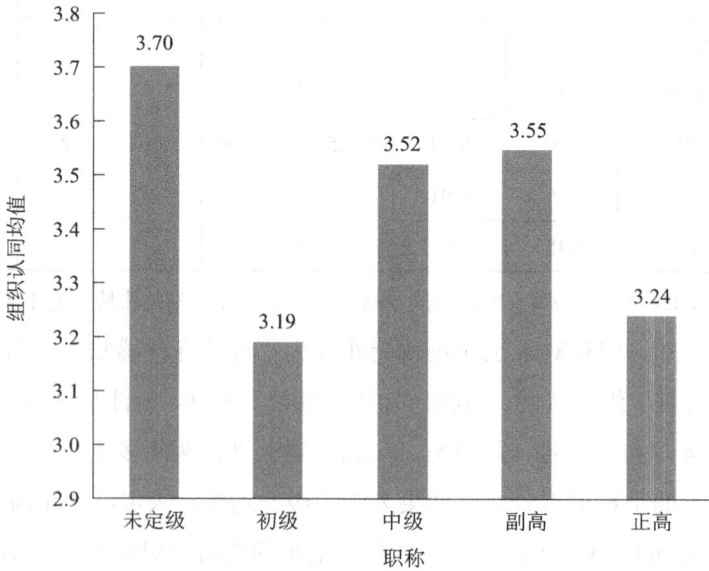

图 5-15　职称和组织认同方差分析对比

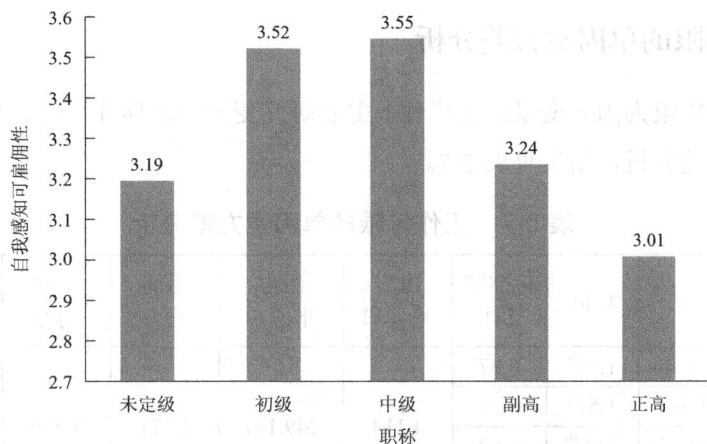

图 5-16　职称和自我感知可雇佣性方差分析对比

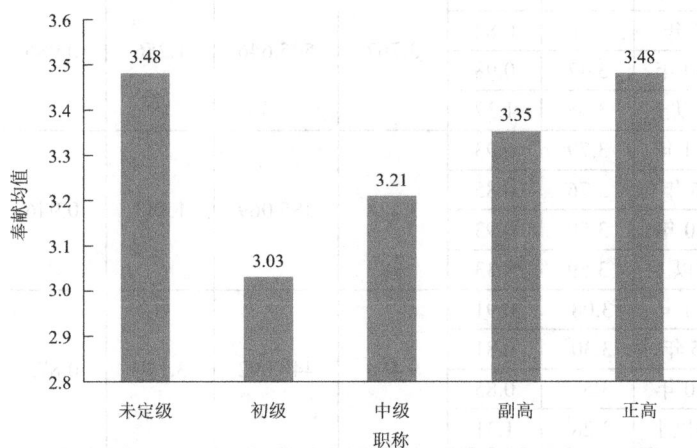

图 5-17　职称和奉献方差分析对比

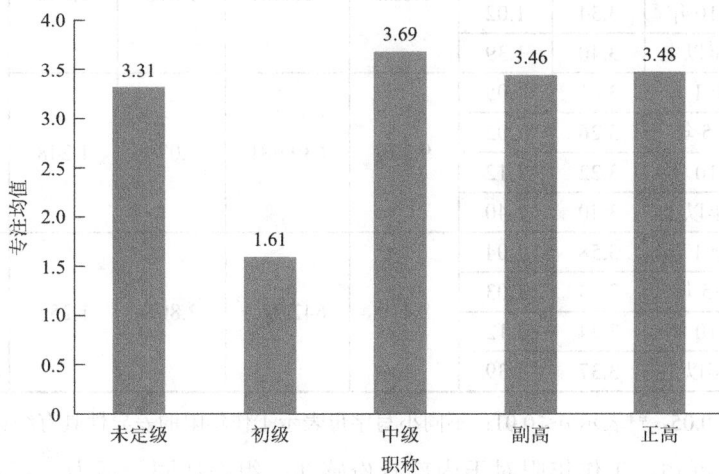

图 5-18　职称和专注方差分析对比

5.1.7 工作年限的单因素方差分析

本节以工作年限为因素变量，就其对于主要研究变量的差异性，运用 SPSS22.0 统计软件进行单因素方差分析，结果见表 5-7。

表 5-7 工作年限的单因素方差分析

分析项	项	均值	标准差 SD	组间平方和	组内平方和	组间均方	组内均方	F 值	p 值
工作场所无礼行为	少于 1 年	1.49[b]	0.67	4.114	249.141	1.371	0.486	2.824*	0.038
	1~5 年	1.57[b]	0.52						
	6~10 年	1.66[ab]	0.69						
	10 年以上	1.78[a]	1.07						
内部身份感知	少于 1 年	3.69	0.96	3.767	505.646	1.256	0.986	1.274	0.283
	1~5 年	3.60	0.84						
	6~10 年	3.47	0.98						
	10 年以上	3.45	1.37						
组织认同	少于 1 年	3.79	0.93	3.428	485.069	1.143	0.946	1.208	0.306
	1~5 年	3.76	0.85						
	6~10 年	3.59	0.93						
	10 年以上	3.59	1.33						
自我感知可雇佣性	少于 1 年	3.08[b]	0.91	9.480	448.092	3.160	0.873	3.618*	0.013
	1~5 年	3.30[b]	0.81						
	6~10 年	3.53[a]	0.85						
	10 年以上	3.28[b]	1.31						
活力	少于 1 年	3.66	0.96	5.028	528.487	1.676	1.030	1.627	0.182
	1~5 年	3.46	0.86						
	6~10 年	3.34	1.02						
	10 年以上	3.40	1.39						
奉献	少于 1 年	3.61	1.05	9.236	639.981	3.079	1.248	2.468	0.061
	1~5 年	3.26	1.02						
	6~10 年	3.22	1.12						
	10 年以上	3.40	1.40						
专注	少于 1 年	3.58	1.04	8.419	642.921	2.806	1.253	2.239	0.083
	1~5 年	3.23	1.03						
	6~10 年	3.24	1.12						
	10 年以上	3.37	1.39						

注：*表示 $p<0.05$，**表示 $p<0.01$；不同小写字母表示工作年限的差异性具有统计学意义($p<0.05$)。

从表 5-7 中可知，工作年限对于内部身份感知、组织认同、活力、奉献、专注没有呈现出显著性($p>0.05$)，表明其对于该 5 项没有差异性；而对于工作场所无礼行为、自我感知可雇佣性呈现出 0.05 水平的显著性，表明工作年限对于该 2 项有差异性(见图 5-19)。

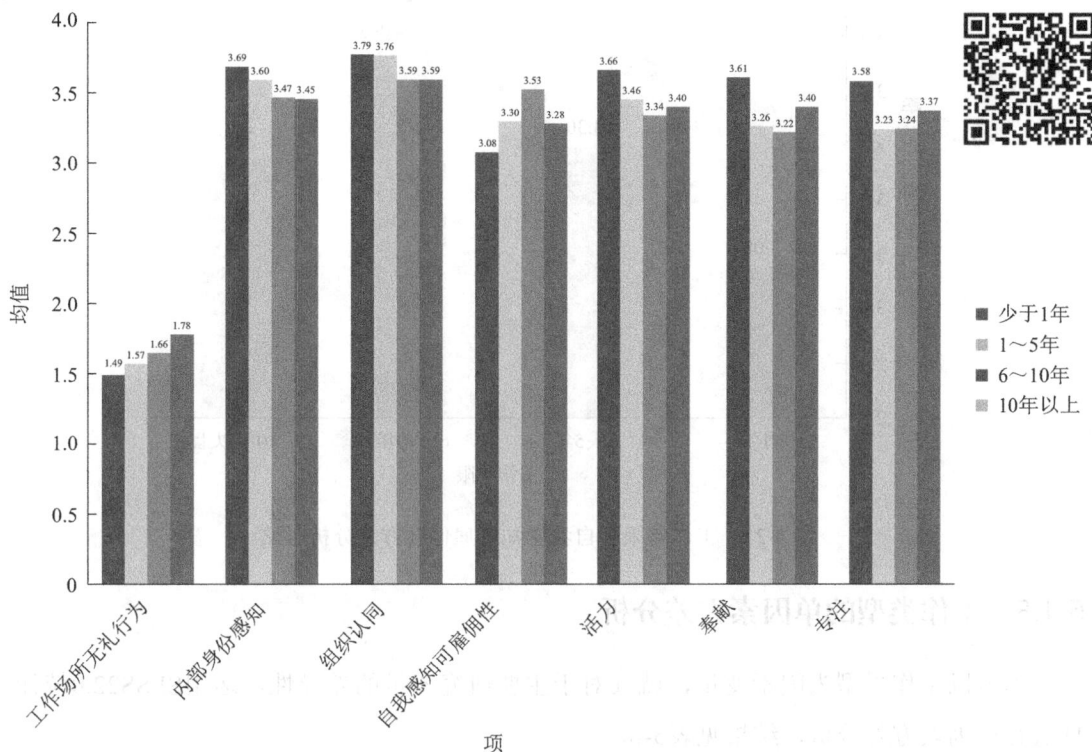

图 5-19 工作年限和所有项方差分析对比

在此基础上进行两两多重比较可知，就工作场所无礼行为而言，有明显差异的组别平均值得分对比结果为少于1年＜10年以上、1～5年＜10年以上(见图5-20)；就自我感知可雇佣性而言，有明显差异的组别平均值得分对比结果为少于1年＜6～10年、1～5年＜6～10年(见图5-21)。

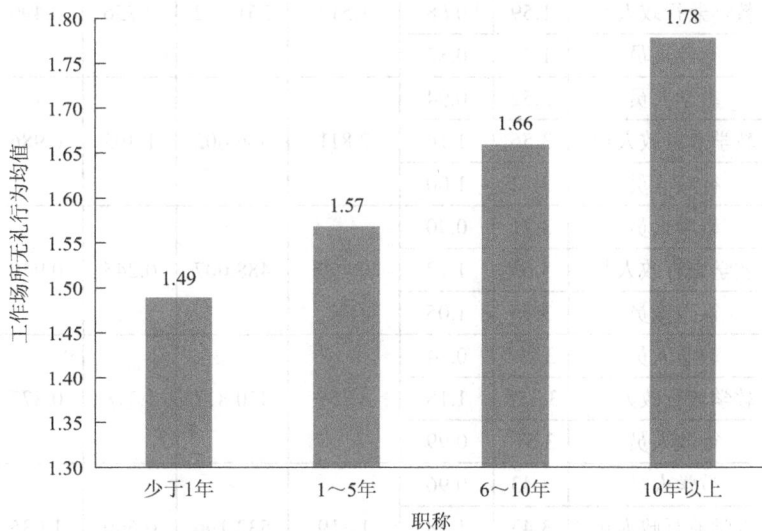

图 5-20 工作年限和工作场所无礼行为方差分析对比

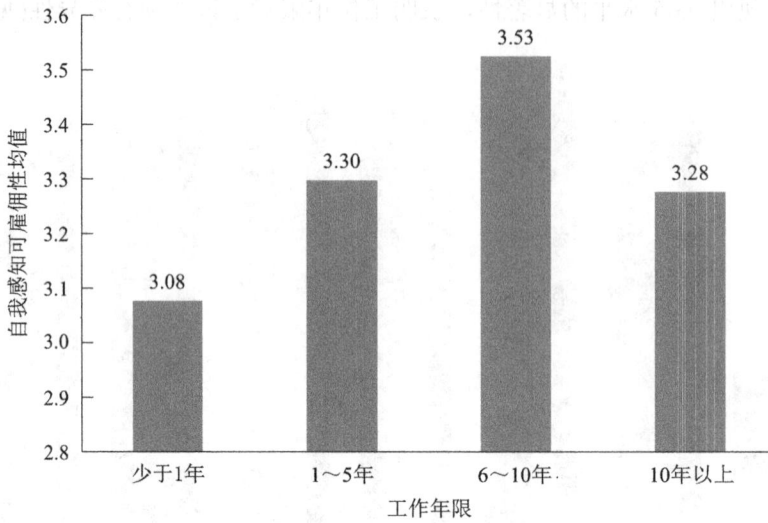

图 5-21   工作年限和自我感知可雇佣性方差分析对比

5.1.8   工作类型的单因素方差分析

本节以工作类型为因素变量，就其对于主要研究变量的差异性，运用SPSS22.0统计软件进行单因素方差分析，结果见表5-8。

表 5-8   工作类型的单因素方差分析

分析项	项	均值	标准差 SD	组间 平方和	组内 平方和	组间 均方	组内 均方	F 值	p 值
工作场所 无礼行为	教学人员	1.58	0.66	1.513	251.742	0.756	0.490	1.544	0.214
	教学兼行政人员	1.59	0.68						
	行政人员	1.71	0.82						
内部身份 感知	教学人员	3.52	0.94	2.811	506.602	1.405	0.986	1.426	0.241
	教学兼行政人员	3.56	1.16						
	行政人员	3.72	1.00						
组织认同	教学人员	3.71	0.90	0.490	488.007	0.245	0.949	0.258	0.773
	教学兼行政人员	3.65	1.12						
	行政人员	3.75	1.05						
自我感知 可雇佣性	教学人员	3.23[b]	0.84	6.755	450.817	3.378	0.877	3.851*	0.022
	教学兼行政人员	3.35[ab]	1.18						
	行政人员	3.51[a]	0.99						
活力	教学人员	3.43	0.96	1.319	532.196	0.660	1.035	0.637	0.529
	教学兼行政人员	3.43	1.18						
	行政人员	3.55	1.03						

续表

分析项	项	均值	标准差 SD	组间平方和	组内平方和	组间均方	组内均方	F 值	p 值
奉献	教学人员	3.28	1.08	5.061	644.156	2.530	1.253	2.019	0.134
	教学兼行政人员	3.26	1.26						
	行政人员	3.52	1.11						
专注	教学人员	3.25	1.07	7.226	644.114	3.613	1.253	2.883	0.057
	教学兼行政人员	3.23	1.26						
	行政人员	3.53	1.14						

注：*表示 $p<0.05$，**表示 $p<0.01$；不同小写字母表示工作类型的差异性具有统计学意义($p<0.05$)。

从表 5-8 中可知，工作类型对于工作场所无礼行为、内部身份感知、组织认同、活力、奉献、专注共 6 项没有呈现出显著性($p>0.05$)，表明其对于该 6 项没有差异性；而对于自我感知可雇佣性呈现出 0.05 水平的显著性($F=3.851$，$p=0.022$)，说明对于该项有差异性(见图 5-22)。在此基础上进行两两多重比较可知，有明显差异的组别平均值得分对比结果为行政人员＞教学人员(见图 5-23)。

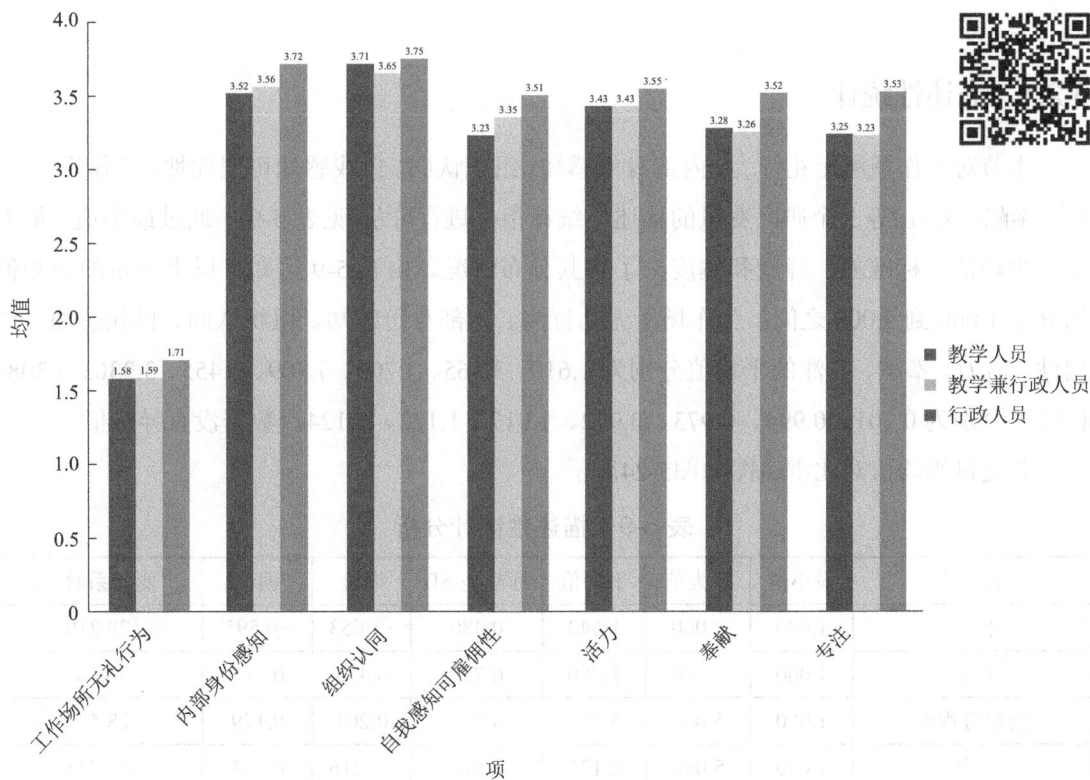

图 5-22　工作类型和所有项方差分析对比

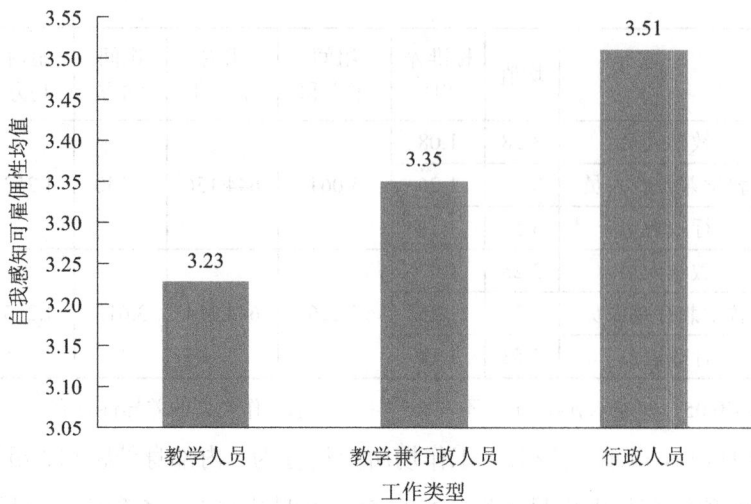

图 5-23   工作类型和自我感知可雇佣性方差分析对比

5.2   描述性统计和相关性分析

5.2.1   描述性统计

本节对工作场所无礼行为、内部身份感知、组织认同、自我感知可雇佣性、工作投入(活力、奉献、专注)等 5 个研究变量的描述性统计指标进行分析(见表 5-9),通过最小值、最大值、平均值、标准差、峰度和偏度来了解其分布情况。由表 5-9 可知,以上变量的观测值均介于 1.000 到 5.000 之间;工作场所无礼行为、内部身份感知、组织认同、自我感知可雇佣性、活力、奉献、专注的平均值分别为 1.610、3.565、3.700、3.309、3.455、3.330、3.308,标准差分别为 0.701、0.994、0.973、0.942、1.017、1.122、1.124,数据没有异常值。

各变量平均值对比雷达图如图5-24所示。

表 5-9   描述性统计分析

名　称	最小值	最大值	平均值	标准差 SD	峰度	偏度	变异系数/%
性别	1.000	2.000	1.642	0.480	−1.653	−0.595	29.219
年龄	1.000	4.000	1.880	0.756	0.476	0.717	40.187
受教育程度	1.000	5.000	3.236	0.925	0.201	0.179	28.575
职称	1.000	5.000	2.126	1.312	−0.216	0.954	61.741
学校性质	1.000	2.000	1.228	0.420	−0.314	1.299	34.204
工作年限	1.000	4.000	2.383	0.938	−0.744	0.370	39.370

名　称	最小值	最大值	平均值	标准差 SD	峰度	偏度	变异系数/%
婚姻状况	1.000	2.000	1.470	0.500	−1.993	0.120	33.985
工作类型	1.000	3.000	1.602	0.821	−0.981	0.852	51.271
工作场所无礼行为	1.000	5.000	1.610	0.701	5.953	2.076	43.511
内部身份感知	1.000	5.000	3.565	0.994	0.580	−0.816	27.872
组织认同	1.000	5.000	3.700	0.973	0.993	−0.994	26.300
自我感知可雇佣性	1.000	5.000	3.309	0.942	0.621	−0.511	28.457
活力	1.000	5.000	3.455	1.017	−0.073	−0.474	29.435
奉献	1.000	5.000	3.330	1.122	−0.637	−0.245	33.683
专注	1.000	5.000	3.308	1.124	−0.674	−0.224	33.962

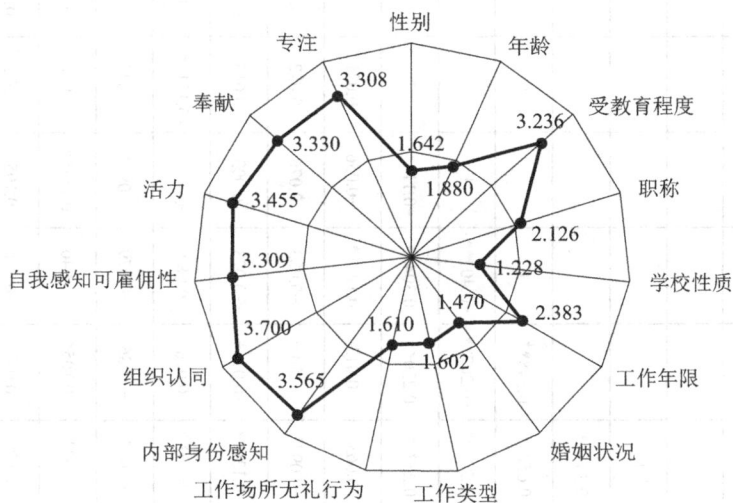

图 5-24　各变量平均值对比雷达图

5.2.2　相关性分析

为初步检验所提出的理论假设的合理性并为层次回归分析提供依据，本节采用Pearson相关分析法对各变量进行分析。学界对于变量间相关性的判断标准为：若检验结果$p<0.05$，则说明变量间存在显著相关性；若$p<0.001$，则说明变量间极其显著相关；若$p>0.05$，则说明变量间不具有相关性。

利用Pearson相关分析法分别探究性别、年龄、受教育程度、职称、学校性质、工作年限、婚姻状况、工作类型与主要研究变量之间的相关关系，其强弱程度用Pearson相关系数表示，分析结果见表5-10。由此可知，各主要变量间存在相关关系，因此可进一步采用层次回归分析法验证所提出的理论假设的合理性。

表 5-10　各主要变量相关性分析

变量	平均值	标准差	性别	年龄	受教育程度	职称	学校性质	工作年限	婚姻状况	工作类型	WI	PIS	OI	SPE	活力	奉献	专注
性别	1.642	0.480	1														
年龄	1.880	0.756	-0.103*	1													
受教育程度	3.236	0.925	-0.041	0.215**	1												
职称	2.126	1.312	-0.119**	0.318**	0.566**	1											
学校性质	1.228	0.420	-0.017	0.373**	0.310**	0.345**	1										
工作年限	2.383	0.938	-0.121**	0.429**	0.459**	0.658**	0.348**	1									
婚姻状况	1.470	0.500	0.024	-0.554**	-0.190**	-0.232**	-0.207**	-0.401**	1								
工作类型	1.602	0.821	-0.146**	0.270**	0.088*	0.257**	0.230**	0.304**	-0.114**	1							
WI	1.610	0.701	-0.077	0.077	0.075	0.063	-0.013	0.127**	-0.056	0.071	1						
PIS	3.565	0.994	0.047	-0.093*	-0.165**	-0.097*	-0.150**	-0.083	0.076	0.072	-0.146**	1					
OI	3.700	0.973	0.081	-0.065	-0.105*	-0.136**	-0.096*	-0.073	0.003	0.015	-0.146**	0.775**	1				
SPE	3.309	0.942	-0.065	0.166**	0.054	0.003	0.076	0.082	-0.138**	0.121**	0.168**	0.271**	0.291**	1			
活力	3.455	1.017	0.003	-0.052	-0.094*	-0.065	-0.086	-0.079	0.094*	0.045	-0.111*	0.729**	0.710**	0.217**	1		
奉献	3.330	1.122	0.000	-0.093*	-0.090*	-0.033	-0.105*	-0.040	0.117**	0.076	-0.153**	0.756**	0.698**	0.167**	0.889**	1	
专注	3.308	1.124	0.016	-0.077	-0.092*	-0.026	-0.097*	-0.036	0.105*	0.092*	-0.128**	0.753**	0.706**	0.148**	0.869**	0.923**	1

注：$n=517$；*表示 $p<0.05$，**表示 $p<0.01$。

5.3　工作场所无礼行为对工作投入的直接效应检验

5.3.1　直接效应回归方程构建

基于前面的理论分析，为检验工作场所无礼行为对工作投入(活力、奉献、专注)的影响，建立以下回归方程：

$$\text{VIG}_i = \alpha + \beta_1 \text{WI}_i + \beta_2 Z_i + \mu_i + \varepsilon_i \tag{5.1}$$

$$\text{DED}_i = \alpha + \beta_1 \text{WI}_i + \beta_2 Z_i + \mu_i + \varepsilon_i \tag{5.2}$$

$$\text{ABS}_i = \alpha + \beta_1 \text{WI}_i + \beta_2 Z_i + \mu_i + \varepsilon_i \tag{5.3}$$

方程(5.1)～方程(5.3)中：VIG_i、DED_i、ABS_i分别表示工作投入的活力、奉献、专注维度；WI_i表示工作场所无礼行为；Z_i表示控制变量，包括性别、学校性质、婚姻状况、年龄、受教育程度、职称、工作年限、工作类型等；μ_i表示无法观测的工作投入(活力、奉献、专注)影响效应；ε_i表示随机扰动项；α、β_1、β_2为方程回归后得到的系数，对于活动、奉献、专注的方程，各系数并不相同。

5.3.2　直接效应检验

假设 1a 至假设 1c 提出工作场所无礼行为负向影响民办高校教师工作投入(活力、奉献、专注)水平。为验证以上假设，首先将因变量(活力)放入回归方程，然后加入控制变量，最后放入自变量(工作场所无礼行为)，进行层次回归分析，见表 5-11。该表中的 M1～M17 表示在进行层次回归分析时所构建的模型(按照分析的先后顺序排序)。如 M2 表示以内部身份感知(PIS)为因变量，以性别、年龄、受教育程度等为控制变量，以工作场所无礼行为(WI)为自变量进行层次回归分析所构建的模型；M5 表示以组织认同(OI)为因变量，以性别、年龄、受教育程度等为控制变量，以工作场所无礼行为为自变量，以内部身份感知为中介变量进行层次回归分析所构建的模型。由表 5-11 中的 M7 可知，工作场所无礼行为对活力有显著的负向影响($\beta = -0.11$，$p < 0.05$)；重复以上步骤，对奉献、专注进行层次回归分析，由表 5-11 中的 M11 可知，工作场所无礼行为对奉献有显著的负向影响($\beta = -0.16$，$p < 0.001$)；由 M15 可知，工作场所无礼行为对专注有显著的负向影响($\beta = -0.13$，$p < 0.01$)。因此，假设 1a、假设 1b、假设 1c 得到了数据检验的支持。

表 5-11　层次回归分析结果

变量	内部身份感知		组织认同			活力				奉献				专注			
	M1	M2	M3	M4	M5	M6	M7	M8	M9	M10	M11	M12	M13	M14	M15	M16	M17
控制变量 性别	0.06	0.05	0.07	0.07	0.03	0.01	0.01	-0.03	-0.04	0.01	0.01	-0.03	-0.04	0.03	0.01	-0.02	-0.01
年龄	-0.03	-0.03	-0.04	-0.04	-0.03	0.04	0.02	0.04	0.05	-0.04	-0.04	-0.01	0.00	-0.03	-0.02	0.00	0.01
受教育程度	-0.13*	-0.12*	-0.03	-0.03	0.07*	-0.06	-0.05	0.04	0.01	-0.07	-0.05	0.04	0.02	-0.07	-0.08	0.03	-0.02
职称	0.01	-0.02	-0.13	-0.12*	-0.14**	0.01	0.01	0.01	0.04	0.04	0.03	0.03	0.05	0.04	0.03	0.04	0.08
学校性质	-0.12*	-0.14**	-0.06	-0.07	0.03	-0.07	-0.07	0.03	0.02	-0.08	-0.13*	0.01	-0.02	-0.08	-0.11*	0.01	-0.02
工作年限	0.02	0.02	0.01	0.04	0.04	-0.02	-0.01	-0.05	-0.04	0.04	0.06	0.02	0.03	0.03	0.05	0.02	0.02
婚姻状况	0.03	0.02	-0.05	-0.05	-0.07*	0.08	0.08	0.06	0.09*	0.09	0.09	0.07*	0.10**	0.08	0.09	0.07	0.09**
工作类型	0.13**	0.14**	0.07	0.08	-0.03	0.08	0.08	-0.02	-0.01	0.11*	0.12*	0.02	0.03	0.13**	0.13**	0.03	0.04
自变量 WI	-0.14***	-0.14***		-0.14***			-0.11*	0.01	0.01		-0.16***	-0.05	-0.04		-0.13**	-0.02	-0.01
中介变量 PIS					0.78***			0.74***	0.44***			0.75***	0.51***			0.75***	0.49***
OI									0.38***				0.31***				0.34***
R^2	0.06	0.08	0.03	0.05	0.62	0.02	0.04	0.54	0.60	0.04	0.05	0.58	0.62	0.04	0.06	0.58	0.62
F 值	3.78***	4.66***	2.25*	3.22***	81.51***	1.51	2.03*	58.83***	67.24***	2.47**	3.69***	70.43***	74.43***	2.52**	3.28***	68.55***	74.61***
ΔR^2	0.05	0.07	0.04	0.03	0.57	0.03	0.02	0.51	0.07	0.05	0.03	0.53	0.06	0.05	0.03	0.53	0.04
ΔF	3.78***	11.13***	2.25*	10.63***	743.74***	1.51*	6.08*	550.21***	70.53***	2.47**	12.92***	629.98***	48.45***	2.52**	9.00**	620.03***	57.98***

注：$n = 517$；* 表示 $p<0.05$，** 表示 $p<0.01$，*** 表示 $p<0.001$。

5.4　内部身份感知和组织认同的链式中介效应检验

5.4.1　内部身份感知的中介效应检验

1. 回归方程构建

为检验内部身份感知在工作场所无礼行为对工作投入(活力)的影响关系中的中介效应，建立以下回归方程：

$$\text{VIG}_i = \alpha + \beta_1 \text{WI}_i + \beta_2 Z_i + \mu_i + \varepsilon_i \tag{5.4}$$

$$\text{PIS}_i = \alpha + \beta_1 \text{WI}_i + \beta_2 Z_i + \mu_i + \varepsilon_i \tag{5.5}$$

$$\text{VIG}_i = \alpha + \beta_1 \text{WI}_i + \beta_2 \text{PIS}_i + \beta_3 Z_i + \mu_i + \varepsilon_i \tag{5.6}$$

其中：方程(5.4)用来检验工作场所无礼行为对工作投入(活力)的直接效应[同方程(5.1)]；方程(5.5)用来检验工作场所无礼行为对内部身份感知的影响；方程(5.6)是根据温忠麟和叶宝娟(2014)的中介效应检验法，在方程(5.4)和方程(5.5)的基础上建立的，用来检验内部身份感知的中介效应。

方程(5.4)~方程(5.6)中：VIG_i 表示工作投入(活力)；WI_i 表示工作场所无礼行为；PIS_i 表示内部身份感知；Z_i 表示控制变量，包括性别、学校性质、婚姻状况、年龄、受教育程度、职称、工作年限、工作类型等；μ_i 表示无法观测的工作投入影响效应；ε_i 表示随机扰动项。

用同样的方法，依次检验内部身份感知在工作场所无礼行为对工作投入(奉献、专注)的影响关系中的中介效应。

2. 中介效应检验

中介效应是指自变量通过一个或多个中介变量影响因变量的过程。根据中介效应的大小和影响程度，可以将其分为完全中介效应和部分中介效应。完全中介效应是指，当加入中介变量时，自变量对因变量的直接效应变得不再显著。在这种情况下，中介变量能充分地解释自变量和因变量之间的关系，也就是说自变量对因变量的总效应完全通过中介变量起作用。部分中介效应是指，当加入中介变量时，自变量对因变量的直接效应仍然是显著的，但比未加入中介变量时的效应要小。这意味着中介变量只能部分地解释自变量和因变量之间的关系，既有自变量对因变量的直接效应，又有通过中介变量起作用的间接效应。总的来说，完全中介效应和部分中介效应的主要区别在于自变量对因变量的直接效应在加入中介变量后是否显著。对于完全中介效应，直接效应不再显著；而对于部分中介效应，直接效应变小，但仍然显著。

这里运用层次回归分析法来检验内部身份感知在工作场所无礼行为对工作投入(活力、奉献、专注)的影响关系中的中介效应。以活力因变量为例，该方法步骤如下：首先将活力放入回归方程；然后将性别、年龄、受教育程度等放入控制变量，将工作场所无礼行为放入自变量，将内部身份感知放入中介变量进行层次回归分析。其他因变量的分析步骤类似，不再赘述，结果见表 5-11。从表 5-11 中的 M7 可知，工作场所无礼行为显著地负向影响工作投入的活力维度($\beta = -0.11$，$p < 0.05$)，加入内部身份感知中介变量后，由 M2 可知，工作场所无礼行为对内部身份感知有显著的负向影响($\beta = -0.14$，$p < 0.001$)，故假设 2 成立。但由 M8 可知，工作场所无礼行为对活力的影响变为不显著($\beta = 0.01$，$p > 0.05$)，而内部身份感知对活力有显著的正向影响($\beta = 0.74$，$p < 0.001$)，故假设 3a 和假设 4a 得到了数据检验的支持。

为进一步验证内部身份感知的完全中介效应，本书借助 Hayes(2013)提出的 Process 程序里的模型 4，使用 Bootstrap 抽样检验法进行中介效应检验。抽样次数为 5000，分析结果见表 5-12。由表 5-12 可知，在工作场所无礼行为对活力的影响关系中，直接效应的 95%置信区间([-0.09，0.08])包括 0，而加入内部身份感知中介变量后间接效应的 95%置信区间([-0.30，-0.04])不包括 0，表明内部身份感知在工作场所无礼行为对活力的影响关系中起完全中介作用。故假设 4a 得到进一步验证。

表 5-12　内部身份感知在工作场所无礼行为对活力的影响关系中的间接效应分析

路　径	效应值	标准误差 SE	95%置信区间
总效应	-0.11	0.06	[-0.28，-0.03]
直接效应	0.01	0.05	[-0.09，0.08]
间接效应	-0.12	0.07	[-0.30，-0.04]

从表 5-11 中的 M11 可知，工作场所无礼行为显著地负向影响工作投入的奉献维度($\beta = -0.16$，$p < 0.001$)，加入内部身份感知中介变量后，由 M12 可知，工作场所无礼行为对奉献的影响变为不显著($\beta = -0.05$，$p > 0.05$)，而内部身份感知对奉献有显著的正向影响($\beta = 0.75$，$p < 0.001$)，故假设 3b 和假设 4b 得到了数据检验的支持。

此外，由 Bootstrap 检验结果(表 5-13)可知，在工作场所无礼行为对奉献的影响关系中，直接效应的 95%置信区间([-0.18，0.02])包括 0，而加入内部身份感知中介变量后间接效应的 95%置信区间([-0.33，-0.04])不包括 0，表明内部身份感知在工作场所无礼行为对奉献的影响关系中起完全中介作用。故假设 4b 得到进一步验证。

表 5-13　内部身份感知在工作场所无礼行为对奉献的影响关系中的间接效应分析

路　径	效应值	标准误差 SE	95%置信区间
总效应	−0.16	0.07	[−0.39，−0.11]
直接效应	−0.05	0.05	[−0.18，0.02]
间接效应	−0.11	0.07	[−0.33，−0.04]

从表 5-11 中的 M15 可知，工作场所无礼行为显著地负向影响工作投入的专注维度($\beta = -0.13$，$p < 0.01$)，加入内部身份感知中介变量后，由 M16 可知，工作场所无礼行为对专注的影响变为不显著($\beta = -0.02$，$p > 0.05$)，而内部身份感知对专注有显著的正向影响($\beta = 0.75$，$p < 0.001$)，故假设 3c 和假设 4c 得到了数据检验的支持。

此外，由 Bootstrap 检验结果(表 5-14)可知，在工作场所无礼行为对专注的影响关系中，直接效应的 95%置信区间([−0.13，0.06])包括 0，而加入内部身份感知中介变量后间接效应的 95%置信区间([−0.32，−0.04])不包括 0，表明内部身份感知在工作场所无礼行为对专注的影响关系中起完全中介作用。故假设 4c 得到进一步验证。

表 5-14　内部身份感知在工作场所无礼行为对专注的影响关系中的间接效应分析

路　径	效应值	标准误差 SE	95%置信区间
总效应	−0.13	0.07	[−0.35，−0.07]
直接效应	−0.02	0.05	[−0.13，0.06]
间接效应	−0.11	0.07	[−0.32，−0.04]

5.4.2　组织认同的中介效应检验

1. 回归方程构建

为检验组织认同在工作场所无礼行为对工作投入(活力)的影响关系中的中介效应，建立以下回归方程：

$$\mathrm{VIG}_i = \alpha + \beta_1 \mathrm{WI}_i + \beta_2 Z_i + \mu_i + \varepsilon_i \tag{5.7}$$

$$\mathrm{OI}_i = \alpha + \beta_1 \mathrm{WI}_i + \beta_2 Z_i + \mu_i + \varepsilon_i \tag{5.8}$$

$$\mathrm{VIG}_i = \alpha + \beta_1 \mathrm{WI}_i + \beta_2 \mathrm{OI}_i + \beta_3 Z_i + \mu_i + \varepsilon_i \tag{5.9}$$

其中：方程(5.7)用来检验工作场所无礼行为对工作投入(活力)的直接效应(同方程(5.1))；方程(5.8)用来检验工作场所无礼行为对组织认同的影响；方程(5.9)是在方程(5.7)和方程(5.8)的基础上建立的，用来检验组织认同的中介效应。

方程(5.7)～方程(5.9)中：VIG_i 表示工作投入(活力)；WI_i 表示工作场所无礼行为；OI_i 表示组织认同；Z_i 表示控制变量，包括性别、学校性质、婚姻状况、年龄、受教育程度、职称、工作年限、工作类型等；μ_i 表示无法观测的工作投入影响效应；ε_i 表示随机扰动项。

用同样的方法，依次检验组织认同在工作场所无礼行为对工作投入(奉献、专注)的影响关系中的中介效应。

2. 中介效应检验

这里运用层次回归分析法来检验组织认同在工作场所无礼行为对工作投入(活力、奉献、专注)的影响关系中的中介效应，结果见表 5-11。从表 5-11 中的 M7 可知，工作场所无礼行为显著地负向影响工作投入的活力维度($\beta = -0.11$，$p < 0.05$)，加入组织认同(中介变量)后，由 M4 可知，工作场所无礼行为显著地负向影响组织认同($\beta = -0.14$，$p < 0.001$)，故假设 5 成立。但由 M9 可知，工作场所无礼行为对活力的影响变为不显著($\beta = 0.01$，$p > 0.05$)，而组织认同显著地正向影响工作投入的活力维度($\beta = 0.38$，$p < 0.001$)，故假设 6a 和假设 7a 得到了数据检验的支持。

此外，由 Bootstrap 检验结果(表 5-15)可知，在工作场所无礼行为对活力的影响关系中，直接效应的 95%置信区间([-0.10，0.08])包括 0，而加入中介变量(组织认同)后间接效应的 95%置信区间([-0.26，-0.04])不包括 0，表明组织认同在工作场所无礼行为对活力的影响关系中起完全中介作用。故假设 7a 得到进一步验证。

表 5-15　组织认同在工作场所无礼行为对活力的影响关系中的间接效应分析

路　径	效应值	标准误差 SE	95%置信区间
总效应	-0.11	0.06	[-0.28，-0.03]
直接效应	0.01	0.05	[-0.10，0.08]
间接效应	-0.12	0.06	[-0.26，-0.04]

从表 5-11 中的 M11 可知，工作场所无礼行为显著地负向影响工作投入的奉献维度($\beta = -0.16$，$p < 0.001$)，加入组织认同(中介变量)后，由 M13 可知，工作场所无礼行为对奉献的影响变为不显著($\beta = -0.04$，$p > 0.05$)，而组织认同显著地正向影响工作投入的奉献维度($\beta = 0.31$，$p < 0.001$)，故假设 6b 和假设 7b 得到了数据检验的支持。

此外，由 Bootstrap 检验结果(表 5-16)可知，在工作场所无礼行为对奉献的影响关系中，直接效应的 95%置信区间([-0.19，0.01])包括 0，而加入中介变量(组织认同)后间接效应的 95%置信区间([-0.28，-0.04])不包括 0，表明组织认同在工作场所无礼行为对奉献的影响关系中起完全中介作用。故假设 7b 得到进一步验证。

表 5-16　组织认同在工作场所无礼行为对奉献的影响关系中的间接效应分析

路　　径	效应值	标准误差 SE	95%置信区间
总效应	−0.16	0.07	[−0.39，−0.11]
直接效应	−0.04	0.05	[−0.19，0.01]
间接效应	−0.12	0.06	[−0.28，−0.04]

从表 5-11 中的 M15 可知，工作场所无礼行为显著地负向影响工作投入的专注维度（$\beta = -0.13$，$p < 0.01$），加入组织认同(中介变量)后，由 M17 可知，工作场所无礼行为对专注的影响变为不显著（$\beta = -0.01$，$p > 0.05$），而组织认同对专注有显著的正向影响（$\beta = 0.34$，$p < 0.001$），故假设 6c 和假设 7c 得到了数据检验的支持。

此外，由 Bootstrap 检验结果(表 5-17)可知，在工作场所无礼行为对专注的影响关系中，直接效应的 95%置信区间([-0.15,0.05])包括 0，而加入组织认同中介变量后间接效应的 95%置信区间([-0.29，-0.05])不包括 0，表明组织认同在工作场所无礼行为对专注的影响关系中起完全中介作用。故假设 7c 得到进一步验证。

表 5-17　组织认同在工作场所无礼行为对专注的影响关系中的间接效应分析

路　　径	效应值	标准误差 SE	95%置信区间
总效应	−0.13	0.07	[−0.35，−0.07]
直接效应	−0.01	0.05	[−0.15，0.05]
间接效应	−0.12	0.06	[−0.29，−0.05]

5.4.3　内部身份感知和组织认同的链式中介效应检验

1. 回归方程构建

为检验内部身份感知和组织认同在工作场所无礼行为对工作投入(活力、奉献、专注)的影响关系中的链式中介效应，构建以下回归方程：

$$\text{VIG}_i = \alpha + \beta_1 \text{WI}_i + \beta_2 Z_i + \mu_i + \varepsilon_i \tag{5.10}$$

$$\text{PIS}_i = \alpha + \beta_1 \text{WI}_i + \beta_2 Z_i + \mu_i + \varepsilon_i \tag{5.11}$$

$$\text{OI}_i = \alpha + \beta_1 \text{WI}_i + \beta_2 \text{PIS}_i + \beta_3 Z_i + \mu_i + \varepsilon_i \tag{5.12}$$

$$\text{VIG}_i = \alpha + \beta_1 \text{WI}_i + \beta_2 \text{PIS}_i + \beta_3 \text{OI}_i + \beta_4 Z_i + \mu_i + \varepsilon_i \tag{5.13}$$

其中：方程(5.10)用来检验工作场所无礼行为对工作投入(活力)的直接效应[同方程(5.1)]；方程(5.11)和方程(5.12)分别用来检验工作场所无礼行为对内部身份感知、组织认同的影响；方程(5.13)是在方程(5.10)～方程(5.12)的基础上建立的，用于检验内部身份感知和组织认同的链式中介效应。

方程(5.10)～方程(5.13)中，VIG_i 表示工作投入(活力)，WI_i 表示工作场所无礼行为，

PIS_i 表示内部身份感知，OI_i 表示组织认同，Z_i 表示控制变量，μ_i 表示无法观测的影响效应，ε_i 表示随机扰动项。

用同样的方法，依次检验内部身份感知和组织认同在工作场所无礼行为对工作投入(奉献、专注)的影响关系中的链式中介效应。

2. 链式中介效应检验

这里运用层次回归分析法来检验内部身份感知和组织认同在工作场所无礼行为对工作投入(活力、奉献、专注)的影响关系中的链式中介效应，结果见表 5-11。从表中的 M7 可知，工作场所无礼行为显著地负向影响工作投入的活力维度($\beta = -0.11$，$p < 0.05$)，加入内部身份感知(中介变量)后，由 M8 可知，工作场所无礼行为对活力的影响变为不显著($\beta = 0.01$，$p > 0.05$)，而内部身份感知显著地正向影响工作投入的活力维度($\beta = 0.74$，$p < 0.001$)；接着加入组织认同(中介变量)，由 M9 可知，工作场所无礼行为对活力的影响变为不显著($\beta = 0.01$，$p > 0.05$)，而内部身份感知对活力有显著正向影响($\beta = 0.44$，$p < 0.001$)，且组织认同对活力也有显著正向影响($\beta = 0.38$，$p < 0.001$)。此外，由 M5 可知，内部身份感知对组织认同有显著正向影响($\beta = 0.78$，$p < 0.001$)。故假设 8 和假设 9a 得到了数据检验的支持。

此外，由 Bootstrap 检验结果(表 5-18)可知，在工作场所无礼行为对活力的影响关系中，直接效应的 95%置信区间([-0.07，0.10])包括 0，而加入内部身份感知和组织认同中介变量后总间接效应的 95%置信区间([-0.31，-0.05])不包括 0，同时，间接效应"工作场所无礼行为→内部身份感知→活力"的 95%置信区间([-0.18，-0.02])不包括 0，间接效应"工作场所无礼行为→内部身份感知→组织认同→活力"的 95%置信区间([-0.12，-0.01])不包括 0，表明内部身份感知和组织认同在工作场所无礼行为对工作投入(活力)的影响关系中起完全链式中介作用。故假设 9a 得到进一步验证。

表 5-18　内部身份感知和组织认同在工作场所无礼行为对活力的影响关系中的间接效应分析

路　径	效应值	标准误差 SE	95%置信区间
总效应	-0.16	0.06	[-0.24，-0.03]
直接效应	0.01	0.04	[-0.07，0.10]
总间接效应	-0.17	0.06	[-0.31，-0.05]
路径 1	-0.09	0.04	[-0.18，-0.02]
路径 2	-0.02	0.02	[-0.06，0.03]
路径 3	-0.06	0.03	[-0.12，-0.01]

注：路径 1 为工作场所无礼行为→内部身份感知→活力；路径 2 为工作场所无礼行为→组织认同→活力；路径 3 为工作场所无礼行为→内部身份感知→组织认同→活力。

从表 5-11 中的 M11 可知，工作场所无礼行为显著地负向影响工作投入的奉献维度($\beta = -0.16$，$p < 0.001$)，加入内部身份感知(中介变量)后，由 M12 可知，工作场所无礼行为对奉

献的影响变为不显著($\beta = -0.05$，$p > 0.05$)，而内部身份感知对奉献有显著正向影响($\beta = 0.75$，$p < 0.001$)；接着加入组织认同(中介变量)，由 M13 可知，工作场所无礼行为对奉献的影响变为不显著($\beta = -0.04$，$p > 0.05$)，而内部身份感知对奉献有显著正向影响($\beta = 0.51$，$p < 0.001$)，且组织认同对奉献也有显著正向影响($\beta = 0.31$，$p < 0.001$)。此外，由 M5 可知，内部身份感知对组织认同有显著正向影响($\beta = 0.78$，$p < 0.001$)。由此可知，内部身份感知和组织认同在工作场所无礼行为对工作投入(奉献)的影响关系中起完全链式中介作用。故假设 9b 得到了数据检验的支持。

此外，由 Bootstrap 检验结果(表 5-19)可知，在工作场所无礼行为对奉献的影响关系中，直接效应的 95%置信区间([-0.11，0.07])包括 0，而加入内部身份感知和组织认同中介变量后总间接效应的 95%置信区间([-0.34，-0.06])不包括 0，同时，间接效应"工作场所无礼行为→内部身份感知→奉献"的 95%置信区间([-0.14，-0.02])不包括 0，间接效应"工作场所无礼行为→内部身份感知→组织认同→奉献"的 95%置信区间([-0.07，-0.01])不包括 0，表明内部身份感知和组织认同在工作场所无礼行为对工作投入(奉献)的影响关系中的完全链式中介效应成立。故假设 9b 得到进一步验证。

表 5-19　内部身份感知和组织认同在工作场所无礼行为对奉献的影响关系中的间接效应分析

路　径	效应值	标准误差 SE	95%置信区间
总效应	-0.21	0.07	[-0.35，-0.07]
直接效应	-0.02	0.05	[-0.11，0.07]
总间接效应	-0.19	0.07	[-0.34，-0.06]
路径 1	-0.07	0.03	[-0.14，-0.02]
路径 2	-0.01	0.01	[-0.03，0.01]
路径 3	-0.03	0.01	[-0.07，-0.01]

注：路径 1 为工作场所无礼行为→内部身份感知→奉献；路径 2 为工作场所无礼行为→组织认同→奉献；路径 3 为工作场所无礼行为→内部身份感知→组织认同→奉献。

从表 5-11 中的 M15 可知，工作场所无礼行为显著地负向影响工作投入的专注维度($\beta = -0.13$，$p < 0.01$)，加入内部身份感知(中介变量)后，由 M16 可知，工作场所无礼行为对专注的影响变为不显著($\beta = -0.02$，$p > 0.05$)，而内部身份感知显著地正向影响专注($\beta = 0.75$，$p < 0.001$)；接着加入组织认同(中介变量)，由 M17 可知，工作场所无礼行为对专注的影响变为不显著($\beta = -0.01$，$p > 0.05$)，而内部身份感知对专注有显著正向影响($\beta = 0.49$，$p < 0.001$)，且组织认同对专注也有显著正向影响($\beta = 0.34$，$p < 0.001$)。此外，由 M5 可知，内部身份感知对组织认同有显著正向影响($\beta = 0.78$，$p < 0.001$)。故内部身份感知和组织认同在工作场所无礼行为对专注的影响关系中起完全链式中介作用，假设 9c 得到了数据检验的支持。

此外，由 Bootstrap 检验结果(表 5-20)可知，在工作场所无礼行为对专注的影响关系中，直接效应的 95%置信区间([−0.17，0.07])包括 0，而加入内部身份感知和组织认同(中介变量)后总间接效应的 95%置信区间([−0.34，−0.06])不包括 0，同时，间接效应"工作场所无礼行为→内部身份感知→专注"的 95%置信区间([−0.22，−0.03])不包括 0，间接效应"工作场所无礼行为→内部身份感知→组织认同→专注"的 95%置信区间([−0.11，−0.01])不包括 0，表明内部身份感知和组织认同在工作场所无礼行为对工作投入(专注)的影响关系中的完全链式中介效应成立。故假设 9c 得到进一步验证。

表 5-20　内部身份感知和组织认同在工作场所无礼行为对专注的影响关系中的间接效应分析

路　径	效应值	标准误差 SE	95%置信区间
总效应	−0.21	0.07	[−0.35，−0.07]
直接效应	−0.02	0.05	[−0.17，0.07]
总间接效应	−0.19	0.07	[−0.34，−0.06]
路径 1	−0.11	0.05	[−0.22，−0.03]
路径 2	−0.02	0.02	[−0.05，0.02]
路径 3	−0.07	0.03	[−0.11，−0.01]

注：路径 1 为工作场所无礼行为→内部身份感知→专注；路径 2 为工作场所无礼行为→组织认同→专注；路径 3 为工作场所无礼行为→内部身份感知→组织认同→专注。

5.5　自我感知可雇佣性的调节效应检验

本节借助 SPSS22.0 统计软件，采用 Baron 和 Kenny(1986)的调节效应检验程序，来验证自我感知可雇佣性在理论模型各路径间的调节作用。其步骤如下：① 做因变量(活力、奉献、专注)对自变量(工作场所无礼行为)的回归分析；② 做因变量(活力、奉献、专注)对工作场所无礼行为(自变量)和自我感知可雇佣性(调节变量)的回归分析；③ 做因变量(活力、奉献、专注)对自变量(工作场所无礼行为)、调节变量(自我感知可雇佣性)、调节交互项(工作场所无礼行为 × 自我感知可雇佣性、内部身份感知 × 自我感知可雇佣性、组织认同 × 自我感知可雇佣性)的回归分析；④ 判断调节效应。调节效应可通过以下两种方式判断：第一种是查看加入调节交互项到回归模型前后 F 值变化的显著性；第二种是查看加入调节交互项的模型中，交互项对因变量回归系数的显著性。本节以学界常用的第二种方式判断调节效应。

5.5.1　工作场所无礼行为与内部身份感知影响关系间的调节效应检验

1. 回归方程构建

为检验在影响内部身份感知的过程中，工作场所无礼行为与自我感知可雇佣性的交互作用，依据理论分析与假设，构建以下回归方程：

$$\text{PIS}_i = \alpha + \beta_1 \text{WI}_i + \beta_2 \text{SPE}_i + \beta_3 Z_i + \mu_i + \varepsilon_i \tag{5.14}$$

$$\text{PIS}_i = \alpha + \beta_1 \text{WI}_i + \beta_2 \text{SPE}_i + \beta_3 Z_i + \beta_4 \text{WI}_i \times \text{SPE}_i + \mu_i + \varepsilon_i \tag{5.15}$$

其中：PIS_i 表示内部身份感知；WI_i 表示工作场所无礼行为；SPE_i 表示自我感知可雇佣性；$\text{WI}_i \times \text{SPE}_i$ 表示工作场所无礼行为与自我感知可雇佣性的交互项；Z_i 表示控制变量；μ_i 表示无法观测的影响效应；ε_i 表示随机扰动项。方程(5.15)在方程(5.14)的基础上引入了交互项。

2. 回归分析

以内部身份感知为效标变量，以控制变量(性别、年龄、受教育程度等)、工作场所无礼行为、自我感知可雇佣性为预测变量，先将控制变量和自变量(工作场所无礼行为)加入回归方程，构建自变量 X(工作场所无礼行为)影响因变量 Y(内部身份感知)的模型 1；然后加入自我感知可雇佣性，构建模型 2；再加入工作场所无礼行为与自我感知可雇佣性的交互项，构建模型 3。为消除共线性，先分别标准化工作场所无礼行为和自我感知可雇佣性，再构造两者的交互项，分析结果见表 5-21。

由表 5-21 可知，工作场所无礼行为对内部身份感知的影响呈现出显著性($\beta = -0.21$，$p < 0.001$)，但其与自我感知可雇佣性的交互项没有呈现出显著性($\beta = 0.078$，$p > 0.05$)。再结合模型 1 可知，在不同自我感知可雇佣性情况下，工作场所无礼行为对内部身份感知的影响没有差异性，即自我感知可雇佣性在工作场所无礼行为与内部身份感知关系中的调节作用不显著。故假设 11 不成立。

5.5.2　内部身份感知与组织认同影响关系间的调节效应检验

1. 回归方程构建

为检验在影响组织认同的过程中，内部身份感知与自我感知可雇佣性的调节效应，构建以下回归方程：

$$\text{OI}_i = \alpha + \beta_1 \text{PIS}_i + \beta_2 \text{SPE}_i + \beta_3 Z_i + \mu_i + \varepsilon_i \tag{5.16}$$

$$\text{OI}_i = \alpha + \beta_1 \text{PIS}_i + \beta_2 \text{SPE}_i + \beta_3 Z_i + \beta_4 \text{PIS}_i \times \text{SPE}_i + \mu_i + \varepsilon_i \tag{5.17}$$

其中：OI_i 表示组织认同；PIS_i 表示内部身份感知；SPE_i 表示自我感知可雇佣性；$\text{PIS}_i \times \text{SPE}_i$ 表示内部身份感知与自我感知可雇佣性的交互项；Z_i 表示控制变量；μ_i 表示无法观测的影响效应；ε_i 表示随机扰动项。方程(5.17)在方程(5.16)的基础上引入了交互项。

2. 回归分析

以组织认同为效标变量，利用与 5.5.1 节同样的原理与方法，针对自我感知可雇佣性在内部身份感知与组织认同关系中的调节效应进行检验，结果如表 5-22 所示。

表 5-21　自我感知可雇佣性在工作场所无礼行为与内部身份感知关系中的调节效应分析

	模 型 1				模 型 2				模 型 3			
	β	标准误差 SE	t	p	β	标准误差 SE	t	p	β	标准误差 SE	t	p
性别	-0.096	0.066	-1.445	0.149	-0.093	0.067	-1.399	0.162	-0.093	0.067	-1.388	0.166
年龄	0.078	0.054	1.445	0.149	0.075	0.055	1.381	0.168	0.076	0.055	1.389	0.165
受教育程度	-0.036	0.042	-0.857	0.392	-0.038	0.042	-0.892	0.373	-0.039	0.043	-0.906	0.365
职称	0.072*	0.035	2.051	0.041	0.073*	0.035	2.086	0.037	0.072*	0.036	2.032	0.043
学校性质	-0.058	0.085	-0.689	0.491	-0.060	0.085	-0.706	0.481	-0.059	0.085	-0.698	0.485
工作年限	-0.061	0.049	-1.246	0.213	-0.061	0.049	-1.253	0.211	-0.061	0.049	-1.249	0.212
婚姻状况	0.236**	0.078	3.038	0.003	0.238**	0.078	3.058	0.002	0.239**	0.078	3.060	0.002
工作类型	0.033	0.041	0.799	0.424	0.031	0.042	0.757	0.449	0.031	0.042	0.750	0.453
WI	-0.208***	0.062	-3.358	0.001	-0.280***	0.060	-4.679	0.000	-0.298***	0.061	-4.906	0.000
SPE					0.321***	0.044	7.214	0.000	0.327***	0.045	7.334	0.000
WI × SPE									0.078	0.048	1.625	0.105
R^2	0.021				0.111				0.116			
F 值	$F(1, 515) = 11.277, p = 0.001$				$F(2, 514) = 32.218, p = 0.000$				$F(3, 513) = 22.428, p = 0.000$			
ΔR^2	0.021				0.090				0.005			
ΔF 值	$F(1, 515) = 11.277, p = 0.001$				$F(1, 514) = 52.042, p = 0.000$				$F(1, 513) = 2.641, p = 0.105$			

注: *表示 $p < 0.05$, **表示 $p < 0.01$, ***表示 $p < 0.001$。WI 表示工作场所无礼行为; SPE 表示自我感知可雇佣性。

表 5-22 自我感知可雇佣性在内部身份感知与组织认同关系中的调节效应分析

	模 型 1				模 型 2				模 型 3			
	β	标准误差 SE	t	p	β	标准误差 SE	t	p	β	标准误差 SE	t	p
性别	0.06	0.06	1.09	0.27	0.07	0.06	1.29	0.20	0.06	0.06	1.09	0.27
年龄	-0.02	0.05	-0.51	0.61	-0.04	0.05	-0.78	0.44	-0.06	0.05	-1.38	0.17
受教育程度	0.07*	0.04	1.97	0.049	0.06	0.04	1.73	0.09	0.08*	0.04	2.37	0.018
职称	-0.09**	0.03	-3.11	0.002	-0.09**	0.03	-2.83	0.005	-0.05	0.03	-1.73	0.09
学校性质	0.08	0.07	1.12	0.26	0.07	0.07	0.99	0.32	0.04	0.07	0.58	0.56
工作年限	0.02	0.04	0.58	0.56	0.02	0.04	0.54	0.59	0.02	0.04	0.42	0.68
婚姻状况	-0.14*	0.07	-2.08	0.038	-0.13	0.07	-1.91	0.06	-0.13*	0.07	-2.03	0.043
工作类型	-0.04	0.04	-0.97	0.33	-0.04	0.04	-1.12	0.26	-0.03	0.04	-0.88	0.38
PIS	0.77***	0.03	27.72	0.000	0.75***	0.03	25.79	0.000	0.71***	0.03	24.42	0.000
SPE					0.08***	0.03	2.72	0.007	0.06*	0.03	2.10	0.036
PIS × SPE									-0.11***	0.02	-5.40	0.000
R^2	0.62				0.62				0.64			
F 值	$F(9, 507) = 90.413, \ p = 0.000$				$F(10, 506) = 83.142, \ p = 0.000$				$F(11, 505) = 82.429, \ p = 0.000$			
ΔR^2	0.62				0.01				0.02			
ΔF 值	$F(9, 507) = 90.413, \ p = 0.000$				$F(1, 506) = 7.410, \ p = 0.007$				$F(1, 505) = 29.112, \ p = 0.000$			

注：* 表示 $p < 0.05$，** 表示 $p < 0.01$，*** 表示 $p < 0.001$。

由表 5-22 可知，内部身份感知(自变量)显著正向影响组织认同(因变量)($\beta = 0.77$，$p <$ 0.001)，内部身份感知与自我感知可雇佣性(调节变量)的交互项呈现出显著性($\beta = -0.11$，$p < 0.001$)。这表明其对组织认同的影响在自我感知可雇佣性不同水平时具有显著性差异，即自我感知可雇佣性调节了内部身份感知对组织认同的正向影响关系，故假设 17 得到了支持。调节效应的简单斜率分析见表 5-23。

表 5-23   自我感知可雇佣性在内部身份感知与组织认同关系中的简单斜率分析

调节变量水平	回归系数	标准误差 SE	t	p	95%置信区间
高水平($M + 1SD$)	0.608	0.038	15.999	0.000	[0.533，0.682]
平均值(M)	0.708	0.029	24.422	0.000	[0.651，0.764]
低水平($M - 1SD$)	0.808	0.030	26.560	0.000	[0.748，0.867]

为进一步解释自我感知可雇佣性的调节作用，根据 Cohen 等(2013)的研究，分别以高于和低于均值一个标准差为基准描绘了自我感知可雇佣性在不同水平时，内部身份感知对组织认同影响的差异，见图 5-25。由图 5-25 可知，在低自我感知可雇佣性水平下，内部身份感知对组织认同的促进作用增强，而在高自我感知可雇佣性水平下，其促进作用减弱。

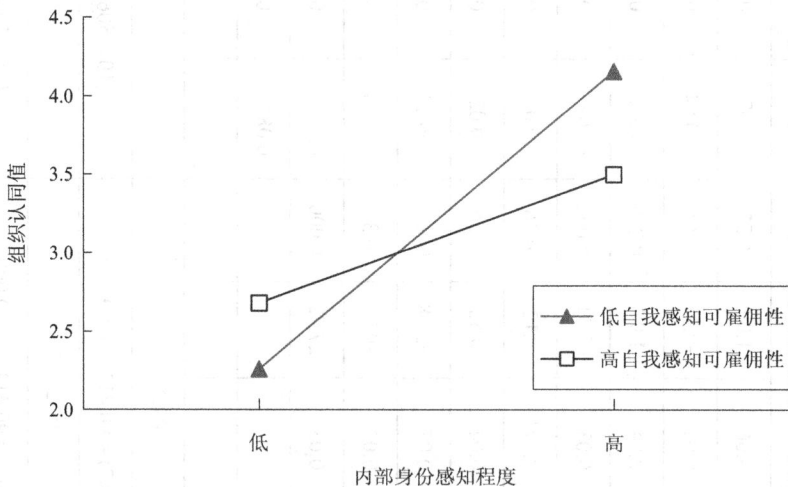

图 5-25   自我感知可雇佣性在内部身份感知与组织认同关系中的简单斜率图

5.5.3   工作场所无礼行为与组织认同影响关系间的调节效应检验

1. 回归方程构建

为验证在影响组织认同的过程中，工作场所无礼行为与自我感知可雇佣性的交互作用，依据理论分析与假设，本节构建了方程(5.18)和方程(5.19)，方程(5.19)在方程(5.18)的基础上引入了交互项。

$$\mathrm{OI}_i = \alpha + \beta_1 \mathrm{WI}_i + \beta_2 \mathrm{SPE}_i + \beta_3 Z_i + \mu_i + \varepsilon_i \tag{5.18}$$

$$\mathrm{OI}_i = \alpha + \beta_1 \mathrm{WI}_i + \beta_2 \mathrm{SPE}_i + \beta_3 Z_i + \beta_4 \mathrm{WI}_i \times \mathrm{SPE}_i + \mu_i + \varepsilon_i \tag{5.19}$$

其中：OI_i 表示组织认同；WI_i 表示工作场所无礼行为；SPE_i 表示自我感知可雇佣性；$\mathrm{WI}_i \times \mathrm{SPE}_i$ 表示工作场所无礼行为与自我感知可雇佣性的交互项；Z_i 表示控制变量；μ_i 表示无法观测的影响效应；ε_i 表示随机扰动项。

2. 回归分析

以组织认同为效标变量，利用同样的原理与方法，针对自我感知可雇佣性在工作场所无礼行为与组织认同关系间的调节效应进行检验，结果如表 5-24 所示。

从表 5-24 可知，工作场所无礼行为(自变量)显著负向影响组织认同(因变量)($\beta = -0.20$，$p < 0.001$)，此外，其与自我感知可雇佣性(调节变量)的交互项没呈现出显著性($\beta = 0.02$，$p > 0.05$)。结合模型 1 可知，在不同自我感知可雇佣性水平情况下，工作场所无礼行为对组织认同的影响幅度不变，即自我感知可雇佣性在两者间的调节作用不显著，故假设 14 不成立。

5.5.4　工作场所无礼行为与工作投入影响关系间的调节效应检验

1. 回归方程构建

为验证在影响工作投入(活力)的过程中，工作场所无礼行为与自我感知可雇佣性的交互作用，依据理论分析与假设，本节构建了方程(5.20)和方程(5.21)，方程(5.21)在方程(5.20)的基础上引入了交互项。

$$\mathrm{VIG}_i = \alpha + \beta_1 \mathrm{WI}_i + \beta_2 \mathrm{SPE}_i + \beta_3 Z_i + \mu_i + \varepsilon_i \tag{5.20}$$

$$\mathrm{VIG}_i = \alpha + \beta_1 \mathrm{WI}_i + \beta_2 \mathrm{SPE}_i + \beta_3 Z_i + \beta_4 \mathrm{WI}_i \times \mathrm{SPE}_i + \mu_i + \varepsilon_i \tag{5.21}$$

其中：VIG_i 表示工作投入(活力)；WI_i 表示工作场所无礼行为；SPE_i 表示自我感知可雇佣性；$\mathrm{WI}_i \times \mathrm{SPE}_i$ 表示工作场所无礼行为与自我感知可雇佣性的交互项；Z_i 表示控制变量；μ_i 表示无法观测的影响效应；ε_i 表示随机扰动项。

用同样的方法，依次检验自我感知可雇佣性在工作场所无礼行为与工作投入(奉献、专注)影响关系间的调节作用。

2. 回归分析

以活力为效标变量，利用与前面同样的原理与方法，针对自我感知可雇佣性在工作场所无礼行为与工作投入(活力)关系中的调节效应进行检验，结果如表 5-25 所示。

由表 5-25 中可知，工作场所无礼行为(自变量)显著负向影响活力水平(因变量)($\beta = -0.16$，$p < 0.05$)，此外，其与自我感知可雇佣性(调节变量)的交互项没呈现出显著性($\beta = 0.02$，$p > 0.05$)。结合模型 1 可知，自我感知可雇佣性在不同水平时，工作场所无礼行为对活力的影响幅度变化小，即自我感知可雇佣性在两者间的调节作用不显著，故假设 10a 不成立。

表5-24 自我感知可雇佣性在工作场所无礼行为与组织认同关系中的调节效应

	模 型 1				模 型 2				模 型 3			
	β	标准误差 SE	t	p	β	标准误差 SE	t	p	β	标准误差 SE	t	p
性别	0.13	0.09	1.49	0.14	0.16	0.08	1.90	0.06	0.16	0.09	1.92	0.06
年龄	-0.06	0.07	-0.80	0.42	-0.10	0.07	-1.49	0.14	-0.10	0.07	-1.47	0.14
受教育程度	-0.03	0.06	-0.47	0.64	-0.05	0.05	-0.90	0.37	-0.05	0.05	-0.88	0.38
职称	-0.10*	0.05	-2.08	0.038	-0.07	0.05	-1.45	0.15	-0.07	0.05	-1.47	0.14
学校性质	-0.17	0.11	-1.48	0.14	-0.19	0.11	-1.77	0.08	-0.19	0.11	-1.79	0.07
工作年限	0.05	0.07	0.82	0.41	0.05	0.06	0.82	0.41	0.05	0.06	0.82	0.42
婚姻状况	-0.10	0.10	-0.99	0.33	-0.06	0.10	-0.57	0.57	-0.06	0.10	-0.57	0.57
工作类型	0.09	0.06	1.66	0.10	0.06	0.05	1.08	0.28	0.06	0.05	1.08	0.28
WI	-0.20***	0.06	-3.26	0.001	-0.27***	0.06	-4.62	0.000	-0.27***	0.06	-4.61	0.000
SPE					0.35***	0.04	7.98	0.000	0.35***	0.04	7.98	0.000
WI × SPE									0.02	0.05	0.36	0.72
R^2	0.05				0.16				0.16			
F值	$F_{(9, 507)} = 3.216$, $p = 0.001$				$F_{(10, 506)} = 9.614$, $p = 0.000$				$F_{(11, 505)} = 8.737$, $p = 0.000$			
ΔR^2	0.05				0.11				0.00			
ΔF值	$F_{(9, 507)} = 3.216$, $p = 0.001$				$F_{(1, 506)} = 63.627$, $p = 0.000$				$F_{(1, 505)} = 0.130$, $p = 0.718$			

注: *代表 $p < 0.05$, **代表 $p < 0.01$, ***代表 $p < 0.001$。

表 5-25 自我感知可雇佣性在工作场所无礼行为与活力关系中的调节效应

	模 型 1				模 型 2				模 型 3			
	β	标准误差 SE	t	p	β	标准误差 SE	t	p	β	标准误差 SE	t	p
性别	0.00	0.09	0.04	0.97	0.03	0.09	0.28	0.78	0.03	0.09	0.30	0.77
年龄	0.04	0.08	0.45	0.65	0.00	0.08	-0.02	0.99	0.00	0.08	0.01	1.00
受教育程度	-0.06	0.06	-0.93	0.35	-0.07	0.06	-1.26	0.21	-0.07	0.06	-1.23	0.22
职称	0.00	0.05	-0.04	0.97	0.03	0.05	0.51	0.61	0.02	0.05	0.49	0.63
学校性质	-0.19	0.12	-1.55	0.12	-0.21	0.12	-1.75	0.08	-0.21	0.12	-1.77	0.08
工作年限	-0.02	0.07	-0.28	0.78	-0.02	0.07	-0.32	0.75	-0.02	0.07	-0.33	0.75
婚姻状况	0.16	0.11	1.44	0.15	0.20	0.11	1.84	0.07	0.20	0.11	1.83	0.07
工作类型	0.10	0.06	1.75	0.08	0.07	0.06	1.30	0.19	0.07	0.06	1.30	0.19
WI	-0.16*	0.06	-2.47	0.014	-0.22**	0.06	-3.42	0.001	-0.22***	0.06	-3.43	0.001
SPE					0.28	0.05	5.95	0.000**	0.28	0.05	5.96	0.000**
WI × SPE									0.02	0.05	0.42	0.67
R^2	0.04				0.10				0.10			
F 值	$F_{(9,\ 507)}=2.031,\ p=0.034$				$F_{(10,\ 506)}=5.486,\ p=0.000$				$F_{(11,\ 505)}=4.995,\ p=0.000$			
ΔR^2	0.04				0.06				0.00			
ΔF 值	$F_{(9,\ 507)}=2.031,\ p=0.034$				$F_{(1,\ 506)}=35.342,\ p=0.000$				$F_{(1,\ 505)}=0.180,\ p=0.672$			

注：*代表 $p<0.05$，**代表 $p<0.01$，***代表 $p<0.001$。

分别以奉献、专注为效标变量，利用同样的原理与方法，对自我感知可雇佣性在工作场所无礼行为与奉献、专注关系中的调节效应进行检验，结果分别如表 5-26 和表 5-27 所示。

由表 5-26 可知，工作场所无礼行为显著负向影响奉献水平($\beta = -0.25$，$p < 0.001$)，此外，其与自我感知可雇佣性(调节变量)的交互项没呈现出显著性($\beta = 0.02$，$p > 0.05$)。结合模型 1 可知，在不同自我感知可雇佣性水平时，工作场所无礼行为对奉献的影响幅度不变，即自我感知可雇佣性在两者间的调节作用不显著，故假设 10b 不成立。

由表 5-27 可知，工作场所无礼行为显著负向影响专注水平($\beta = -0.21$，$p < 0.01$)，此外，其与自我感知可雇佣性(调节变量)的交互项没呈现出显著性($\beta = 0.03$，$p > 0.05$)。结合模型 1 可知，在不同自我感知可雇佣性水平时，工作场所无礼行为对专注的影响幅度不变，即自我感知可雇佣性在两者间的调节作用不显著，故假设 10c 不成立。

5.5.5 内部身份感知与工作投入影响关系间的调节效应检验

1. 回归方程构建

为验证在影响工作投入(活力)的过程中内部身份感知与自我感知可雇佣性的交互作用，依据理论分析与假设，本节构建了方程(5.22)和方程(5.23)，方程(5.23)在方程(5.22)的基础上引入了交互项。

$$VIG_i = \alpha + \beta_1 PIS_i + \beta_2 SPE_i + \beta_3 Z_i + \mu_i + \varepsilon_i \tag{5.22}$$
$$VIG_i = \alpha + \beta_1 PIS_i + \beta_2 SPE_i + \beta_3 PIS_i \times SPE_i + \beta_4 Z_i + \mu_i + \varepsilon_i \tag{5.23}$$

其中：VIG_i 表示工作投入(活力)；PIS_i 表示内部身份感知；SPE_i 表示自我感知可雇佣性；$PIS_i \times SPE_i$ 表示内部身份感知与自我感知可雇佣性的交互项；Z_i 表示控制变量；μ_i 表示无法观测的影响效应；ε_i 表示随机扰动项。

用同样的方法，依次检验自我感知可雇佣性在内部身份感知对工作投入(奉献、专注)影响关系间的调节作用。

2. 回归分析

以工作投入(活力)为效标变量，利用与前文同样的原理与方法，对自我感知可雇佣性在内部身份感知与工作投入(活力)关系中的调节效应进行检验，结果如表 5-28 所示。

从表 5-28 中可知，内部身份感知显著正向影响活力水平($\beta = 0.75$，$p < 0.001$)，此外，其与自我感知可雇佣性(调节变量)的交互项呈现出显著性($\beta = -0.13$，$p < 0.001$)。结合模型 1 可知，自我感知可雇佣性在不同水平时，内部身份感知对活力的影响具有显著性差异，即自我感知可雇佣性调节了内部身份感知对活力的正向影响关系，支持了假设 12a。调节效应的简单斜率分析见表 5-29。

表 5-26　自我感知可雇佣性在工作场所无礼行为与奉献关系中的调节效应

	模型 1				模型 2				模型 3			
	β	标准误差 SE	t	p	β	标准误差 SE	t	p	β	标准误差 SE	t	p
性别	0.008	0.103	0.080	0.937	0.029	0.100	0.287	0.775	0.030	0.101	0.301	0.764
年龄	-0.054	0.084	-0.645	0.519	-0.088	0.082	-1.066	0.287	-0.086	0.082	-1.045	0.297
受教育程度	-0.077	0.065	-1.191	0.234	-0.094	0.064	-1.470	0.142	-0.092	0.064	-1.449	0.148
职称	0.017	0.054	0.306	0.759	0.042	0.053	0.787	0.432	0.040	0.053	0.762	0.446
学校性质	-0.284*	0.131	-2.164	0.031	-0.300*	0.128	-2.344	0.019	-0.304*	0.129	-2.362	0.019
工作年限	0.060	0.076	0.798	0.426	0.058	0.074	0.785	0.433	0.058	0.074	0.782	0.435
婚姻状况	0.206	0.120	1.719	0.086	0.242*	0.117	2.061	0.040	0.241*	0.118	2.052	0.041
工作类型	0.162*	0.064	2.525	0.012	0.135*	0.063	2.148	0.032	0.135*	0.063	2.148	0.032
WI	-0.251***	0.070	-3.595	0.000	-0.304***	0.069	-4.404	0.000	-0.309***	0.070	-4.398	0.000
SPE					0.263***	0.052	5.070	0.000	0.265***	0.052	5.081	0.000
WI × SPE									0.022	0.055	0.396	0.692
R^2	0.061				0.107				0.107			
F 值	$F(9, 507) = 3.685, p = 0.000$				$F(10, 506) = 6.048, p = 0.000$				$F(11, 505) = 5.504, p = 0.000$			
ΔR^2	0.061				0.045				0.000			
ΔF 值	$F(9, 507) = 3.685, p = 0.000$				$F(1, 506) = 25.706, p = 0.000$				$F(1, 505) = 0.157, p = 0.692$			

注：*代表 $p < 0.05$，**代表 $p < 0.01$，***代表 $p < 0.001$。

表 5-27　自我感知可雇佣性在工作场所无礼行为与专注关系中的调节效应

	模 型 1				模 型 2				模 型 3			
	β	标准误差 SE	t	p	β	标准误差 SE	t	p	β	标准误差 SE	t	p
性别	0.056	0.103	0.538	0.591	0.074	0.101	0.726	0.468	0.076	0.102	0.748	0.455
年龄	-0.037	0.084	-0.440	0.660	-0.067	0.083	-0.802	0.423	-0.064	0.083	-0.771	0.441
受教育程度	-0.090	0.065	-1.379	0.168	-0.104	0.064	-1.622	0.105	-0.103	0.064	-1.592	0.112
职称	0.026	0.054	0.488	0.626	0.049	0.054	0.908	0.365	0.047	0.054	0.871	0.384
学校性质	-0.275*	0.132	-2.088	0.037	-0.290*	0.130	-2.237	0.026	-0.295*	0.130	-2.269	0.024*
工作年限	0.046	0.076	0.605	0.546	0.044	0.075	0.588	0.557	0.044	0.075	0.583	0.560
婚姻状况	0.192	0.121	1.596	0.111	0.224	0.119	1.886	0.060	0.223	0.119	1.874	0.062
工作类型	0.181**	0.064	2.809	0.005	0.157*	0.063	2.477	0.014	0.157*	0.063	2.478	0.014
WI	-0.211**	0.070	-3.000	0.003	-0.257***	0.070	-3.686	0.000	-0.265***	0.071	-3.732	0.000
SPE					0.232***	0.052	4.415	0.000	0.234***	0.053	4.445	0.000
WI × SPE									0.034	0.056	0.607	0.544
R^2	0.055				0.090				0.091			
F 值	$F_{(9, 507)} = 3.275$, $p = 0.001$				$F_{(10, 506)} = 5.004$, $p = 0.000$				$F_{(11, 505)} = 4.577$, $p = 0.000$			
ΔR^2	0.055				0.035				0.001			
ΔF 值	$F_{(9, 507)} = 3.275$, $p = 0.001$				$F_{(1, 506)} = 19.492$, $p = 0.000$				$F_{(1, 505)} = 0.368$, $p = 0.544$			

注：*代表 $p<0.05$，**代表 $p<0.01$，***代表 $p<0.001$。

表 5-28　自我感知可雇佣性在内部身份感知与活力关系中的调节效应

	模型 1				模型 2				模型 3			
	β	标准误差 SE	t	p	β	标准误差 SE	t	p	β	标准误差 SE	t	p
性别	-0.069	0.065	-1.063	0.288	-0.067	0.066	-1.021	0.308	-0.09	0.06	1.62	0.272
年龄	0.070	0.053	1.321	0.187	0.067	0.054	1.257	0.209	0.08	0.05	0.33	0.294
受教育程度	0.042	0.042	1.021	0.308	0.040	0.042	0.963	0.336	0.01	0.04	1.15	0.242
职称	0.002	0.034	0.046	0.963	0.004	0.035	0.105	0.916	0.04	0.03	0.32	0.623
学校性质	0.055	0.084	0.658	0.511	0.053	0.084	0.628	0.530	0.03	0.08	-1.28	0.635
工作年限	-0.045	0.048	-0.932	0.352	-0.045	0.048	-0.942	0.347	-0.06	0.05	2.57	0.322
婚姻状况	0.124	0.076	1.627	0.104	0.127	0.077	1.661	0.097	0.18^{**}	0.07	-0.26	0.102
工作类型	-0.021	0.041	-0.504	0.614	-0.022	0.041	-0.535	0.593	-0.01	0.04	-1.42	0.659
PIS	0.755^{***}	0.032	23.748	0.000	0.750^{***}	0.033	22.465	0.000	0.734^{***}	0.034	21.406	0.000
SPE					0.020	0.035	0.574	0.566	0.012	0.035	0.337	0.736
PIS × SPE									-0.13^{***}	0.05	-2.69	0.000
R^2	0.538				0.538				10.60			
F 值	$F(9, 507)=65.493, p=0.000$				$F(10, 506)=58.898, p=0.000$				$F(11, 505)=50.53, p=0.000$			
ΔR^2	0.538				0.000				0.003			
ΔF 值	$F(9, 507)=65.493, p=0.000$				$F(1, 506)=0.329, p=0.566$				$F(1, 505)=3.542, p=0.060$			

注：*代表 $p<0.05$，**代表 $p<0.01$，***代表 $p<0.001$。

表 5-29   自我感知可雇佣性在内部身份感知与活力关系中的简单斜率分析

调节变量水平	回归系数	标准误差 SE	t	p	95%置信区间
高水平($M + 1SD$)	0.693	0.045	15.414	0.000	[0.605，0.781]
平均值(M)	0.734	0.034	21.406	0.000	[0.667，0.801]
低水平($M - 1SD$)	0.775	0.036	21.544	0.000	[0.705，0.846]

为进一步解释自我感知可雇佣性的调节作用，根据 Cohen 等(2013)的研究，分别以高于和低于均值一个标准差为基准描绘了自我感知可雇佣性在不同水平时，内部身份感知对工作投入(活力)影响的差异，见图 5-26。这表明在自我感知可雇佣性低的情境下，内部身份感知对工作投入(活力)的促进作用增强，而在自我感知可雇佣性高的情境下，则其促进作用减弱。

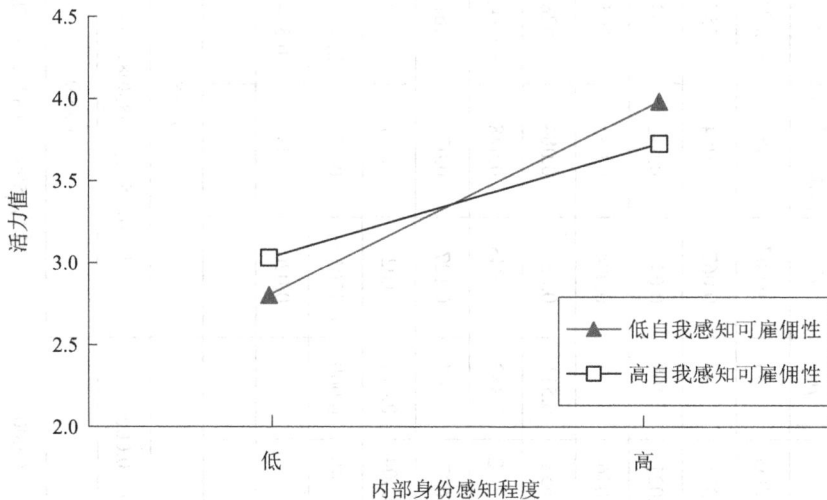

图 5-26   自我感知可雇佣性在内部身份感知与活力关系中的简单斜率图

利用同样的方法重复自我感知可雇佣性在内部身份感知与奉献、专注关系中的调节效应分析(此处不再赘述)，发现其在内部身份感知与工作投入其他两个维度(奉献、专注)关系中的调节作用不显著，故假设 12b、假设 12c 不成立。

5.5.6   组织认同与工作投入影响关系间的调节效应检验

1. 回归方程构建

为验证在影响工作投入(活力)的过程中组织认同与自我感知可雇佣性的交互作用，依据理论分析与假设，本节构建了方程(5.24)和方程(5.25)。方程(5.25)在方程(5.24)基础上引入交互项。

$$\mathrm{VIG}_i = \alpha + \beta_1 \mathrm{OI}_i + \beta_2 \mathrm{SPE}_i + \beta_3 Z_i + \mu_i + \varepsilon_i \tag{5.24}$$
$$\mathrm{VIG}_i = \alpha + \beta_1 \mathrm{OI}_i + \beta_2 \mathrm{SPE}_i + \beta_3 Z_i + \beta_4 \mathrm{OI}_i \times \mathrm{SPE}_i + \mu_i + \varepsilon_i \tag{5.25}$$

其中：VIG_i 表示工作投入(活力)；OI_i 表示组织认同；SPE_i 表示自我感知可雇佣性；$\mathrm{OI}_i \times \mathrm{SPE}_i$ 表示组织认同与自我感知可雇佣性的交互项；Z_i 表示控制变量；μ_i 表示无法观测的影响效应；ε_i 表示随机扰动项。

用同样的方法，依次检验自我感知可雇佣性在组织认同与工作投入(奉献、专注)影响关系间的调节作用。

2. 回归分析

以活力为效标变量，利用同样原理与方法，对自我感知可雇佣性在组织认同与活力关系中的调节效应进行检验，如表 5-30 所示。

由表 5-30 可知，组织认同(自变量)显著正向影响活力(因变量)($\beta = 0.38$，$p < 0.001$)，此外，其与自我感知可雇佣性(调节变量)的交互项呈现出显著性($\beta = 0.15$，$p < 0.001$)。结合模型 1 可知，自我感知可雇佣性在不同水平时，组织认同对活力的影响具有显著性差异，即自我感知可雇佣性调节了组织认同对活力的正向影响关系，支持了假设 15a。调节效应的简单斜率分析见表 5-31。

为进一步解释自我感知可雇佣性的调节作用，根据 Cohen 等(2013)的研究，分别以高于和低于均值一个标准差为基准描绘了自我感知可雇佣性在不同水平时，组织认同对工作投入(活力)影响的差异，见图 5-27。这表明在自我感知可雇佣性高的情境下，组织认同对工作投入(活力)的促进作用增强，而在自我感知可雇佣性低的情境下，则其促进作用减弱。

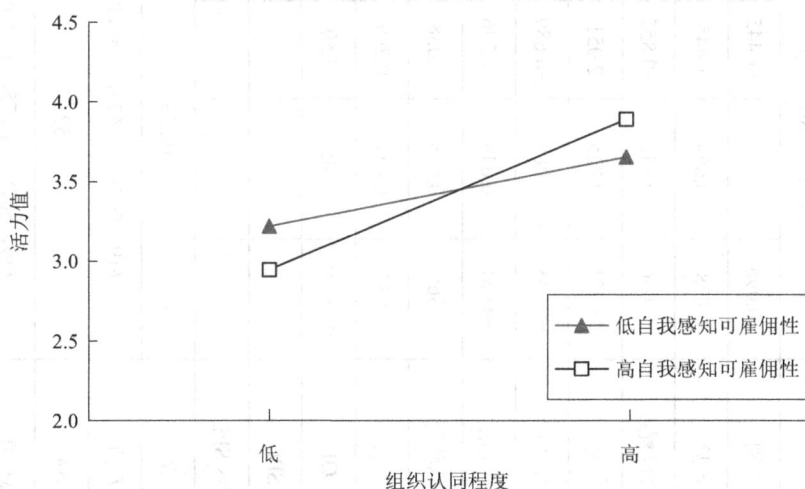

图 5-27　自我感知可雇佣性在组织认同与活力关系中的简单斜率图

表 5-30　自我感知可雇佣性在组织认同与活力关系中的调节效应

	模 型 1				模 型 2				模 型 3			
	β	标准误差 SE	t	p	β	标准误差 SE	t	p	β	标准误差 SE	t	p
性别	-0.096	0.066	-1.445	0.149	-0.093	0.067	-1.399	0.162	-0.093	0.067	-1.388	0.166
年龄	0.078	0.054	1.445	0.149	0.075	0.055	1.381	0.168	0.076	0.055	1.389	0.165
受教育程度	-0.036	0.042	-0.857	0.392	-0.038	0.042	-0.892	0.373	-0.039	0.043	-0.906	0.365
职称	0.072*	0.035	2.051	0.041	0.073*	0.035	2.086	0.037	0.072*	0.036	2.032	0.043
学校性质	-0.058	0.085	-0.689	0.491	-0.060	0.085	-0.706	0.481	-0.059	0.085	-0.698	0.485
工作年限	-0.061	0.049	-1.246	0.213	-0.061	0.049	-1.253	0.211	-0.061	0.049	-1.249	0.212
婚姻状况	0.236**	0.078	3.038	0.003	0.238**	0.078	3.058	0.002	0.239**	0.078	3.060	0.002
工作类型	0.033	0.041	0.799	0.424	0.031	0.042	0.757	0.449	0.031	0.042	0.750	0.453
OI	0.38***	0.05	7.50	0.000	0.746***	0.034	21.747	0.000	0.748***	0.036	20.713	0.000
SPE					0.020	0.036	0.552	0.581	0.021	0.036	0.571	0.569
OI × SPE									0.15***	0.05	3.01	0.000
R^2	0.523				0.523				0.523			
F 值	$F(9, 507) = 61.675, p = 0.000$				$F(10, 506) = 55.461, p = 0.000$				$F(11, 505) = 50.325, p = 0.000$			
ΔR^2	0.523				0.000				0.000			
ΔF 值	$F(9, 507) = 61.675, p = 0.000$				$F(1, 506) = 0.304, p = 0.581$				$F(1, 505) = 0.028, p = 0.866$			

注：*代表 $p < 0.05$，**代表 $p < 0.01$，***代表 $p < 0.001$。

表 5-31　自我感知可雇佣性在组织认同与活力关系中的简单斜率分析

调节变量水平	回归系数	标准误差 SE	t	p	95%置信区间
高水平($M+1SD$)	0.751	0.048	15.651	0.000	[0.657，0.845]
平均值(M)	0.748	0.036	20.713	0.000	[0.677，0.818]
低水平($M-1SD$)	0.744	0.036	20.596	0.000	[0.673，0.815]

利用同样的方法重复自我感知可雇佣性在组织认同与奉献、专注关系中的调节效应分析(此处不再赘述)，发现其在组织认同与工作投入其他两个维度(奉献、专注)影响关系中的调节作用不显著，故假设 15b、假设 15c 不成立。

5.6　有调节的链式中介效应检验

本节采用 Hayes(2013)的 Process 程序中的模型 92(本书的理论模型与其一致)验证有调节的链式中介模型的合理性。本模块采用 Bootstrap 样本数量为 5000，置信区间为 95%的 Bootstrap 法，当 p 值小于 0.05，且置信区间不包含 0，则变量间影响显著；路径系数的正负代表影响方向，大小则代表影响程度。将控制变量、自变量(工作场所无礼行为)、因变量(工作投入各维度)、中介变量(内部身份感知和组织认同)、调节变量(自我感知可雇佣性)带入 Process 程序中的模型 92 运行，分析在自我感知可雇佣性不同水平下，内部身份感知和组织认同的链式中介效应。

5.6.1　工作场所无礼行为与活力影响关系间有调节的链式中介效应检验

1. 回归方程构建

为验证在影响工作投入(活力)的过程中，内部身份感知、组织认同与自我感知可雇佣性的交互作用，依据理论分析与假设，本节构建的回归方程如式(5.26)～式(5.29)所示，方程(5.29)在方程(5.28)的基础上引入了交互项。

$$\text{PIS}_i = \alpha + \beta_1 \text{WI}_i + \beta_2 Z_i + \mu_i + \varepsilon_i \tag{5.26}$$

$$\text{OI}_i = \alpha + \beta_1 \text{WI}_i + \beta_2 \text{PIS}_i + \beta_3 Z_i + \mu_i + \varepsilon_i \tag{5.27}$$

$$VIG_i = \alpha + \beta_1 WI_i + \beta_2 PIS_i + \beta_3 OI_i + \beta_4 Z_i + \mu_i + \varepsilon_i \qquad (5.28)$$

$$VIG_i = \alpha + \beta_1 WI_i + \beta_2 PIS_i + \beta_3 OI_i + \beta_4 SPE_i + \beta_5 Z_i + \beta_6 SPE_i \times PIS_i \times OI_i + \mu_i + \varepsilon_i \qquad (5.29)$$

其中：VIG_i 表示工作投入(活力)；WI_i 表示工作场所无礼行为；PIS_i 表示内部身份感知；OI_i 表示组织认同；SPE_i 表示自我感知可雇佣性；$SPE_i \times PIS_i \times OI_i$ 表示内部身份感知和组织认同与自我感知可雇佣性的交互项；Z_i 表示控制变量；μ_i 表示无法观测的影响效应；ε_i 表示随机扰动项。

用同样的方法，依次检验自我感知可雇佣性就内部身份感知和组织认同在工作场所无礼行为与工作投入(奉献、专注)影响关系间的链式中介效应的调节作用。

2. 链式中介效应检验

由表 5-32 可知，在不同自我感知可雇佣性水平下，内部身份感知在工作场所无礼行为与活力关系间的条件间接效应不同，并表现出显著性。自我感知可雇佣性在低水平($M-1SD$)时，$b = -0.23$，SE = 0.07，95%置信区间[-0.38，-0.11]不包括 0；其在中等水平(M)时，$b = -0.15$，SE = 0.04，95%置信区间[-0.23，-0.08]不包括 0；其在高水平($M+1SD$)时，$b = -0.08$，$SE = 0.03$，95%置信区间[-0.16，-0.03]不包括 0。这表明内部身份感知在工作场所无礼行为与活力关系间的中介效应受到自我感知可雇佣性的调节作用，故假设 13a 得到数据检验支持。

由表 5-32 可知，在不同自我感知可雇佣性水平下，组织认同在工作场所无礼行为与活力关系间的条件间接效应没呈现出显著性。自我感知可雇佣性在低水平($M-1SD$)时，$b = -0.01$，SE = 0.01，95%置信区间[-0.05，0.03]包括 0；其在中等水平(M)时，$b = -0.02$，SE = 0.02，95%置信区间[-0.06，0.01]包括 0；其在高水平($M+1SD$)时，$b = -0.05$，SE = 0.03，95%置信区间[-0.11，0.01]包括 0。这表明组织认同在工作场所无礼行为与活力关系间的中介效应不受自我感知可雇佣性的调节影响，故假设 16a 不成立。

由表 5-32 可知，在不同自我感知可雇佣性水平下，内部身份感知和组织认同在工作场所无礼行为与活力间的链式中介效应不同，并表现出显著性。自我感知可雇佣性在低水平($M-1SD$)时，$b = -0.09$，SE = 0.03，95%置信区间[-0.14，-0.02]不包括 0；其在中等水平(M)时，$b = -0.08$，SE = 0.02，95%置信区间[-0.12，-0.05]不包括 0；其在高水平($M+1SD$)时，$b = -0.07$，SE = 0.03，95%置信区间[-0.15，-0.02]不包括 0。这表明内部身份感知和组织认同在工作场所无礼行为与活力关系间的链式中介效应受到自我感知可雇佣性的调节影响，故假设 18a 成立。

表 5-32 工作场所无礼行为与活力影响关系间有调节的链式中介效应检验

中介变量	条件间接效应			
	条　件	b	标准误差 SE	95%置信区间
内部身份感知	自我感知可雇佣性($M-1SD$)	-0.23	0.07	[-0.38，-0.11]
	自我感知可雇佣性(M)	-0.15	0.04	[-0.23，-0.08]
	自我感知可雇佣性($M+1SD$)	-0.08	0.03	[-0.16，-0.03]
组织认同	自我感知可雇佣性($M-1SD$)	-0.01	0.01	[-0.05，0.03]
	自我感知可雇佣性(M)	-0.02	0.02	[-0.06，0.01]
	自我感知可雇佣性($M+1SD$)	-0.05	0.03	[-0.11，0.01]
内部身份感知—组织认同	自我感知可雇佣性($M-1SD$)	-0.09	0.03	[-0.14，-0.02]
	自我感知可雇佣性(M)	-0.08	0.02	[-0.12，-0.05]
	自我感知可雇佣性($M+1SD$)	-0.07	0.03	[-0.15，-0.02]

5.6.2 工作场所无礼行为与奉献影响关系间有调节的链式中介效应检验

由表 5-33 可知，在不同自我感知可雇佣性水平下，内部身份感知在工作场所无礼行为与奉献关系间的条件间接效应不同，并表现出显著性。自我感知可雇佣性在低水平($M-1SD$)时，$b=-0.22$，SE=0.08，95%置信区间[-0.41，-0.09]不包括 0；其在中等水平(M)时，$b=-0.18$，$SE=0.05$，95%置信区间[-0.28，-0.10]不包括 0；其在高水平($M+1SD$)时，$b=-0.13$，SE=0.06，95%置信区间[-0.27，-0.05]不包括 0。这表明内部身份感知在工作场所无礼行为与奉献关系间的中介效应受到自我感知可雇佣性的调节作用，故假设 13b 得到数据检验支持。

由表 5-33 可知，在不同自我感知可雇佣性水平下，组织认同在工作场所无礼行为与奉献关系间的条件间接效应没呈现出显著性。自我感知可雇佣性在低水平($M-1SD$)时，$b=-0.01$，SE=0.03，95%置信区间[-0.07，0.04]包括 0；其在中等水平(M)时，$b=-0.02$，SE=0.02，95%置信区间[-0.07，0.02]包括 0；其在高水平($M+1SD$)时，$b=-0.03$，SE=0.03，95%置信区间[-0.10，0.01]包括 0。这表明组织认同在工作场所无礼行为与奉献关系间的中介效应不受自我感知可雇佣性的调节作用，故假设 16b 不成立。

由表 5-33 可知，在不同自我感知可雇佣性水平下，内部身份感知和组织认同在工作场所无礼行为与奉献关系间的链式中介效应不同，表现出显著性。自我感知可雇佣性在低水平($M-1SD$)时，$b=-0.10$，SE=0.05，95%置信区间[-0.21，-0.01]不包括 0；其在中等水平(M)时，$b = -0.08$，SE $= 0.02$，95%置信区间[-0.13，-0.04]不包括 0；其在高水平($M + 1SD$)时，$b = -0.06$，SE $= 0.03$，95%置信区间[-0.12，-0.02]不包括 0。这表明内部身份感知和组织认同在工作场所无礼行为与奉献关系间的链式中介效应受到自我感知可雇佣性的调节作用，故假设 18b 成立。

表 5-33　工作场所无礼行为与奉献影响关系间有调节的链式中介效应检验

中介变量	条件间接效应			
	条　件	b	标准误差 SE	95%置信区间
内部身份感知	自我感知可雇佣性($M - 1SD$)	-0.22	0.08	[-0.41，-0.09]
	自我感知可雇佣性(M)	-0.18	0.05	[-0.28，-0.10]
	自我感知可雇佣性($M + 1SD$)	-0.13	0.06	[-0.27，-0.05]
组织认同	自我感知可雇佣性($M - 1SD$)	-0.01	0.03	[-0.07，0.04]
	自我感知可雇佣性(M)	-0.02	0.02	[-0.07，0.02]
	自我感知可雇佣性($M + 1SD$)	-0.03	0.03	[-0.10，0.01]
内部身份感知—组织认同	自我感知可雇佣性($M - 1SD$)	-0.10	0.05	[-0.21，-0.01]
	自我感知可雇佣性(M)	-0.08	0.02	[-0.13，-0.04]
	自我感知可雇佣性($M + 1SD$)	-0.06	0.03	[-0.12，-0.02]

5.6.3　工作场所无礼行为与专注影响关系间有调节的链式中介效应检验

由表 5-34 可知，在不同自我感知可雇佣性水平下，内部身份感知在工作场所无礼行为与专注关系间的条件间接效应不同，表现出显著性。自我感知可雇佣性在低水平($M - 1SD$)时，$b = -0.21$，SE $= 0.08$，95%置信区间[-0.40，-0.08]不包括 0；其在中等水平(M)时，$b = -0.17$，SE $= 0.05$，95%置信区间[-0.28，-0.10]不包括 0；其在高水平($M + 1SD$)时，$b = -0.13$，SE $= 0.06$，95%置信区间[-0.27，-0.05]不包括 0。这表明内部身份感知在工作场所无礼行为与专注关系间的中介效应受到自我感知可雇佣性的调节作用，故假设 13c 得到数据检验支持。

由表 5-34 可知，在不同自我感知可雇佣性水平下，组织认同在工作场所无礼行为与专注关系间的条件间接效应没呈现出显著性。自我感知可雇佣性在低水平($M - 1SD$)时，$b = -0.01$，SE $= 0.03$，95%置信区间[-0.07，0.05]包括 0；其在中等水平(M)时，$b = -0.03$，SE $= 0.02$，95%置信区间[-0.07，0.02]包括 0；其在高水平($M + 1SD$)时，$b = -0.05$，SE $= 0.03$，95%置信区间[-0.10，0.01]包括 0。这表明组织认同在工作场所无礼行为与专注关系间的中介效应不受自我感知可雇佣性的调节作用，故假设 16c 不成立。

由表 5-34 可知，在不同自我感知可雇佣性水平下，内部身份感知和组织认同在工作场所无礼行为与专注关系间的链式中介效应表现出显著性。自我感知可雇佣性在低水平 ($M-1SD$) 时，$b=-0.12$，SE $=0.06$，95%置信区间[-0.24，-0.02]不包括 0；其在中等水平 (M) 时，$b=-0.09$，SE $=0.02$，95%置信区间[-0.15，-0.05]不包括 0；其在高水平 ($M+1SD$) 时，$b=-0.06$，SE $=0.03$，95%置信区间[-0.13，-0.02]不包括 0。这表明内部身份感知和组织认同在工作场所无礼行为与专注关系间的链式中介效应受到自我感知可雇佣性的调节作用，故假设 18c 成立。

表 5-34　工作场所无礼行为与专注影响关系间有调节的链式中介效应检验

中介变量	条件间接效应			
	条　件	b	标准误差 SE	95%置信区间
内部身份感知	自我感知可雇佣性($M-1SD$)	-0.21	0.08	[-0.40，-0.08]
	自我感知可雇佣性(M)	-0.17	0.05	[-0.28，-0.10]
	自我感知可雇佣性($M+1SD$)	-0.13	0.06	[-0.27，-0.05]
组织认同	自我感知可雇佣性($M-1SD$)	-0.01	0.03	[-0.07，0.05]
	自我感知可雇佣性(M)	-0.03	0.02	[-0.07，0.02]
	自我感知可雇佣性($M+1SD$)	-0.05	0.03	[-0.10，0.01]
内部身份感知—组织认同	自我感知可雇佣性($M-1SD$)	-0.12	0.06	[-0.24，-0.02]
	自我感知可雇佣性(M)	-0.09	0.02	[-0.15，-0.05]
	自我感知可雇佣性($M+1SD$)	-0.06	0.03	[-0.13，-0.02]

本 章 小 结

本章首先采用独立样本 T 检验和单因素方差分析法来探究控制变量对主要研究变量的差异性。然后对各主要研究变量的描述性统计指标进行分析，通过最小值、最大值、均值、标准差、偏度和峰度了解其分布情况，在此基础上进行各变量间的相关性分析，结果表明工作场所无礼行为、内部身份感知、组织认同、自我感知可雇佣性与工作投入相互间具有较好的相关性，为层次回归分析奠定了基础。本章采用层次回归分析法和 Bootstrap 法，并借助 Process 程序对研究假设集和理论模型的合理性进行了检验。综上，所提出的 18 组研究假设中，有 14 组研究假设得到了数据检验支持，具体检验结果如表 5-35 所示。该章的实证检验结果，为下一章的结果讨论与管理策略建议提供了实证支撑。

表 5-35　理论假设检验结果汇总

效应类型	序号	假 设 内 容	验证结果
直接效应	H1a	工作场所无礼行为对工作投入(活力)水平具有显著的负向影响	成立
	H1b	工作场所无礼行为对工作投入(奉献)水平具有显著的负向影响	成立
	H1c	工作场所无礼行为对工作投入(专注)水平具有显著的负向影响	成立
中介效应1	H2	工作场所无礼行为对内部身份感知具有显著的负向影响	成立
	H3a	内部身份感知对工作投入(活力)具有显著的正向影响	成立
	H3b	内部身份感知对工作投入(奉献)具有显著的正向影响	成立
	H3c	内部身份感知对工作投入(专注)具有显著的正向影响	成立
	H4a	内部身份感知在工作场所无礼行为对工作投入(活力)影响关系中起着完全中介作用	成立
	H4b	内部身份感知在工作场所无礼行为对工作投入(奉献)影响关系中起着完全中介作用	成立
	H4c	内部身份感知在工作场所无礼行为对工作投入(专注)影响关系中起着完全中介作用	成立
中介效应2	H5	工作场所无礼行为对组织认同具有显著的负向影响	成立
	H6a	组织认同对工作投入(活力)具有显著的正向影响	成立
	H6b	组织认同对工作投入(奉献)具有显著的正向影响	成立
	H6c	组织认同对工作投入(专注)具有显著的正向影响	成立
	H7a	组织认同在工作场所无礼行为与工作投入(活力)影响关系中起着完全中介作用	成立
	H7b	组织认同在工作场所无礼行为与工作投入(奉献)影响关系中起着完全中介作用	成立
	H7c	组织认同在工作场所无礼行为与工作投入(专注)影响关系中起着完全中介作用	成立
链式中介效应	H8	内部身份感知对组织认同具有显著的正向影响作用	成立
	H9a	内部身份感知和组织认同在工作场所无礼行为与工作投入(活力)影响关系间起着链式中介作用	成立
	H9b	内部身份感知和组织认同在工作场所无礼行为与工作投入(奉献)影响关系间起着链式中介作用	成立
	H9c	内部身份感知和组织认同在工作场所无礼行为与工作投入(专注)影响关系间起着链式中介作用	成立
调节效应	H10a	自我感知可雇佣性调节工作场所无礼行为与工作投入(活力)之间的负向关系	不成立

效应类型	序号	假 设 内 容	验证结果
调节效应	H10b	自我感知可雇佣性调节工作场所无礼行为与工作投入(奉献)之间的负向关系	不成立
	H10c	自我感知可雇佣性调节工作场所无礼行为与工作投入(专注)之间的负向关系	不成立
	H11	自我感知可雇佣性调节工作场所无礼行为与内部身份感知之间的负向关系	不成立
	H12a	自我感知可雇佣性调节内部身份感知与工作投入(活力)之间的正向关系	成立
	H12b	自我感知可雇佣性调节内部身份感知与工作投入(奉献)之间的正向关系	不成立
	H12c	自我感知可雇佣性调节内部身份感知与工作投入(专注)之间的正向关系	不成立
	H13a	自我感知可雇佣性调节内部身份感知在工作场所无礼行为与工作投入(活力)之间的完全中介作用	成立
	H13b	自我感知可雇佣性调节内部身份感知在工作场所无礼行为与工作投入(奉献)之间的完全中介作用	成立
	H13c	自我感知可雇佣性调节内部身份感知在工作场所无礼行为与工作投入(专注)之间的完全中介作用	成立
	H14	自我感知可雇佣性调节工作场所无礼行为与组织认同之间的负向关系	不成立
	H15a	自我感知可雇佣性调节组织认同与工作投入(活力)之间的正向关系	成立
	H15b	自我感知可雇佣性调节组织认同与工作投入(奉献)之间的正向关系	不成立
	H15c	自我感知可雇佣性调节组织认同与工作投入(专注)之间的正向关系	不成立
	H16a	自我感知可雇佣性调节组织认同在工作场所无礼行为对工作投入(活力)影响关系间的完全中介作用	不成立
	H16b	自我感知可雇佣性调节组织认同在工作场所无礼行为对工作投入(奉献)影响关系间的完全中介作用	不成立
	H16c	自我感知可雇佣性调节组织认同在工作场所无礼行为对工作投入(专注)影响关系间的完全中介作用	不成立
有调节的链式中介效应	H17	自我感知可雇佣性调节内部身份感知与组织认同之间的正向关系	成立
	H18a	自我感知可雇佣性调节内部身份感知和组织认同在工作场所无礼行为对工作投入(活力)影响关系间的链式中介作用	成立
	H18b	自我感知可雇佣性调节内部身份感知和组织认同在工作场所无礼行对对工作投入(奉献)影响关系间的链式中介作用	成立
	H18c	自我感知可雇佣性调节内部身份感知和组织认同在工作场所无礼行对对工作投入(专注)影响关系间的链式中介作用	成立

第6章 结果讨论与管理启示

6.1 结果讨论

民办高校教师的工作投入程度对民办高校长远发展及核心竞争力的提升具有重要作用。本书以民办高校教师为研究对象,在回顾、梳理以往研究文献的基础上,以 JD-R 模型为总理论框架,结合情感事件理论、组织成员身份理论及社会交换理论,采用"发现问题→提出理论假设与理论模型→借助数据分析进行验证→讨论验证结果→提出管理策略"的管理实证研究范式和"工作场所无礼行为→内部身份感知→组织认同→工作投入"的管理理论范式展开研究,引入调节变量(自我感知可雇佣性),提出了 18 组理论假设,构建了有调节的链式中介模型。通过问卷调查的形式收集到 517 份有效数据;借助 SPSS22.0、AMOS20.0及 Process 程序等数理分析软件,先后对收集到的数据进行信效度分析、独立样本 T 检验、单因素方差分析、相关性分析以及层次回归分析,以验证理论模型的合理性,并对相关理论假设进行检验,然后运用 Process 程序中与本研究的理论模型一致的模型 92,对有调节的链式中介模型进行了显著性水平检验。

6.1.1 工作场所无礼行为的负向影响效应

本书通过层次回归分析发现,工作场所无礼行为显著地负向影响工作投入(活力、奉献、专注),验证了假设 1a、假设 1b、假设 1c,与众多学者的研究结果相吻合。如:关奉民(2014)将工作投入作为工作场所无礼行为的结果变量,通过实证研究讨论了两者间的作用模型,发现工作场所无礼行为对工作投入有显著的负向作用;刘嫦娥等(2019)基于自我提升理论,通过收集到的 245 份有效调研问卷,分析了上级无礼行为对员工工作投入的影响,并引入中介变量(组织支持感)和调节变量(员工传统性),探讨了前者的中介作用和后者对间接效应的调节作用,发现上级无礼行为显著地负向影响员工工作投入水平。

工作场所无礼行为作为工作场所中人际冲突之一,其根本特征是伤害意图不明显,学界在探究其负面影响时,常将之视作工作压力源之一(Lim 等,2008;Porath 和 Erez,2009)。Lazarus(1993)指出,个体对所遇问题的态度与评价方式以及应对方式会对心理压力水平产生影响，通常频繁的工作场所无礼行为遭遇会被个体视为潜在的压力，而无礼行为因伤害意图不明显，会使受施者感到不明所以的伤害，从而增加其心理负担。根据 Lazarus 在 20 世纪 60 年代提出的压力与应对模式，个体应对压力的方式包括积极主动地采取行动、消极回避、得过且过、寻求支持系统、建立心理防御机制等。工作场所无礼行为这种负面行为会使个体采取消极回避的方式来应对压力，而降低工作投入水平则可能是其消极回避、缓减压力的方法之一。根据 Hobfoll(1989)的资源保存模型，个体有获得并储存资源的愿望，当工作场所中的一些消极行为(如工作场所无礼行为)影响这种动机时，个体会采取减少资源投入(如降低工作投入)等方式来回避。Kahn(1990)指出，个体间的人际互动模式与相处方式是工作投入水平较为重要的影响因素。当组织中个体成员间的人际互动关系体现出相互尊重、彼此信赖和安全舒心时，个体会对组织产生认同感；相反，工作场所无礼行为会打破组织成员间良好的人际互动关系，负向影响其工作投入水平。相关的实证研究指出，工作场所无礼行为会造成诸多负面影响，如降低个体对上级、同事与组织的满意度(Cortina 等，2001；Lim 和 Cortina，2008；Lim 等，2009)，增加个体工作压力(Lim 和 Cortina，2008)、工作不安全感(Cortina 和 Magley，2009)和离职意向(Lim 等，2008)等。Porath 和 Erez 等(2009)的研究也有类似的发现，如工作场所无礼行为会使个体情绪沮丧，从而导致工作投入水平降低。Pearson 等(2000)也证实了工作场所无礼行为的负面影响，其研究发现 25%的受施者会故意降低工作投入水平。Cortina 和 Magley(2009)指出，工作场所无礼行为会导致员工工作状态不稳定。Guo 和 Qiu(2019)通过对民办高校教师的研究证实，工作场所无礼行为显著地负向影响组织认同水平；Guo 等(2020)的研究还发现，工作场所无礼行为显著地负向影响工作投入水平。以上研究不同程度地表明了工作场所无礼行为的负向影响效应，这与本书的结论相吻合。但本书更侧重工作场所无礼行为对民办高校教师工作投入的影响机制的探索，从而拓展了该领域的研究视角。

6.1.2　内部身份感知的中介效应

对于内部身份感知，本书一方面通过层次回归分析考察其受到前因变量(工作场所无礼行为)的影响程度，由数据分析(见表 5-11)发现，内部身份感知显著地受到工作场所无礼行为的负向影响($M2: \beta = -0.14, p < 0.001$)，该结果验证了假设 2；另一方面验证内部身份感知对结果变量工作投入(活力、奉献、专注)的影响效应，由数据分析发现，内部身份感知对工作投入三维度(活力、奉献、专注)均有显著的正向影响效果，其中对活力维度的作用相对低一些($M8: \beta = 0.74, p < 0.001$)，对奉献维度($M12: \beta = 0.75, p < 0.001$)和专注维度($M16: \beta = 0.75, p < 0.001$)的作用持平，该结果验证了假设 3a、假设 3b、假设 3c。此外，工作场所无礼行为遭遇会使教师感受到压力，也会使其质疑"内部人"身份，从而导致内部身份

感知水平降低，进而影响工作投入(活力、奉献、专注)，故内部身份感知在工作场所无礼行为与工作投入间的影响关系中的完全中介作用成立，验证了假设 4a、假设 4b、假设 4c。

6.1.3　组织认同的中介效应

对于组织认同，本书一方面通过层次回归分析考察其受到前因变量(工作场所无礼行为)的影响程度，由数据分析(见表 5-11)发现，组织认同显著地受到工作场所无礼行为的负向影响(M4：$\beta = -0.14$，$p < 0.001$)，该结果验证了假设 5；另一方面验证组织认同对结果变量工作投入(活力、奉献、专注)的影响效应，由数据分析发现，组织认同对工作投入三维度(活力、奉献、专注)均具有显著的正向影响效果，其中对奉献维度(M13：$\beta = 0.31$，$p < 0.001$)和专注维度(M17：$\beta = 0.34$，$p < 0.001$)的作用相差不大，但对活力维度(M9：$\beta = 0.38$，$p < 0.001$)的作用相对较大，该结果验证了假设 6a 至假设 6c。以往也有研究探索了工作场所无礼行为、组织认同和工作投入(活力、奉献、专注)几者间的影响关系。如 Morgan(2004) 对一家农业企业员工进行了调查研究，发现工作场所良好的人际关系(即个体与同事之间、与领导之间的家庭成员般的和睦人际关系)有利于提升其组织认同水平。王彦斌(2004)通过实证研究发现组织资源、成员关系、领导人格魅力、组织文化等都对组织认同有重要影响作用。时勘等(2015)认为组织认同与工作投入有正相关关系。Guo 和 Qiu(2019)的研究发现，工作场所无礼行为对组织认同水平具有显著的负向影响效应；Guo 等(2020)的研究还发现，工作场所无礼行为通过链式中介作用对工作投入水平产生显著的负向影响效应。因此，工作场所无礼行为遭遇会影响民办高校教师与组织成员间的人际关系，也会影响组织氛围，使教师的组织认同水平降低，进而影响工作投入水平，故组织认同在工作场所无礼行为与工作投入间的影响关系中的完全中介作用成立，验证了假设 7a 至假设 7c。

6.1.4　内部身份感知和组织认同的链式中介效应

根据社会交换理论，人们对自身与他人接触或建立友谊的成本和回报有清晰的认知，虽没有特别计算这些成本和回报，但仍会关心一段社会交换关系产生的整体结果，即关注这样的关系会使自己的回报大于成本还是小于成本。据此，工作场所无礼行为使受施者受到伤害，产生心理压力，进而破坏了彼此间的交换平衡，而受施者如果想要达到新的平衡，要么减少实际工作付出，要么从心理上改变认知(如降低组织认同)。因此，当民办高校教师遭遇工作场所无礼行为时，会从心理上改变自己与组织成员交往关系的认知，降低内部身份感知及组织认同水平，进而降低工作投入(活力、奉献、专注)水平。

结合理论分析，前面利用层次回归分析法，先将自变量(工作场所无礼行为)、因变量(工作投入)放入回归方程，发现工作场所无礼行为对工作投入的三个维度(活力、奉献、专注)

均呈现显著负向影响(M7：$\beta = -0.11$，$p < 0.05$；M11：$\beta = -0.16$，$p < 0.001$；M15：$\beta = -0.13$，$p < 0.01$)；再加入中介变量(内部身份感知)到回归方程，发现工作场所无礼行为对工作投入(活力、奉献、专注)的影响由显著变为不显著，而内部身份感知对工作投入具有显著影响效应(M8：$\beta = 0.74$，$p < 0.001$；M12：$\beta = 0.75$，$p < 0.001$；M16：$\beta = 0.75$，$p < 0.001$)，验证了假设 3a 至假设 3c，也表明内部身份感知在工作场所无礼行为对工作投入(活力、奉献、专注)的影响关系中发挥完全中介作用，从而验证了假设 4a 至假设 4c；再在回归方程中加入组织认同，发现工作场所无礼行为对工作投入(活力、奉献、专注)的影响由显著变为不显著，而内部身份感知和组织认同对工作投入具有显著正向影响效应(M9：$\beta_1 = 0.44$，$p < 0.001$，$\beta_2 = 0.38$，$p < 0.001$；M13：$\beta_1 = 0.51$，$p < 0.001$，$\beta_2 = 0.31$，$p < 0.001$；M17：$\beta_1 = 0.49$，$p < 0.001$，$\beta_2 = 0.34$，$p < 0.001$)，验证了假设 6a 至假设 6c，也表明组织认同在工作场所无礼行为对工作投入(活力、奉献、专注)的影响关系中发挥完全中介作用，从而验证了假设 7a 至假设 7c。此外，在工作场所无礼行为对工作投入的影响机制中，内部身份感知对组织认同有显著正向影响(M5：$\beta = 0.78$，$p < 0.001$)，验证了假设 8。综上表明，内部身份感知和组织认同在工作场所无礼行为对工作投入(活力、奉献、专注)的影响关系中起链式中介作用，该结论验证了假设 9a 至假设 9c。

6.1.5 自我感知可雇佣性的调节作用

本书借助 Process 程序里的模型 92，采用 Bootstrap 法，对自我感知可雇佣性在工作场所无礼行为对工作投入(活力、奉献、专注)的各影响路径中的调节作用进行分析，以明确调节作用发生于各中介效应的具体阶段。由第 5 章的理论假设检验可知，自我感知可雇佣性在以下几个关系中起调节作用：① 内部身份感知对组织认同的正向影响关系中；② 内部身份感知对工作投入(活力)的正向影响关系中；③ 组织认同对工作投入(活力)的正向影响关系中。综上，对自我感知可雇佣性调节作用的检验验证了假设 12a、假设 13a 至假设 13c、假设 15a。

6.1.6 有调节的链式中介效应

内部身份感知和组织认同在工作场所无礼行为对工作投入的影响关系中的链式中介作用是否还受其他因素的影响，是本书要探索的内容之一。本书借助 Preacher 和 Hayes(2008) 的 Bootstrap 检验法，利用 Process 程序中的模型 92 对有调节的链式中介效应进行检验。由数据分析结果知，自我感知可雇佣性对组织认同在工作场所无礼行为与工作投入(活力、奉献、专注)的影响关系中的中介效应未起调节作用，即假设 16a 至假设 16c 未得到验证，但自我感知可雇佣性对内部身份感知在工作场所无礼行为与工作投入(活力、奉献、专注)的影响关系中的中介效应起调节作用，即假设 13a 至假设 13c 得到验证；此外，还知自我感知可雇佣性对内部身份感知和组织认同在工作场所无礼行为与工作投入(活力、奉献、专注)的影响关系中的链式中介效应起调节作用，即假设 18a 至假设 18c 得到验证。综上，工作场所无礼行为与工作投入(活力、奉献、专注)的影响关系中的有调节的链式中介效应成立，与预期假设吻合。

6.2　管理启示

根据前面对工作场所无礼行为影响机制的理论分析、假设推断、实证检验以及结果讨论，本节从政府、学校、个体三重主体视角，分别对应内部身份感知和组织认同的中介效应、工作场所无礼行为的主效应、自我感知可雇佣性的调节作用，就减少甚至杜绝民办高校工作场所无礼行为、提升教师工作投入程度，提出可供管理实践参考的策略。

6.2.1　政府应提供教师内部身份感知和组织认同的提升保障

本书通过实证研究发现，内部身份感知、组织认同对工作投入(活力、奉献、专注)有正向影响，也就是说，内部身份感知、组织认同水平越高，教师越愿意投入精力到工作中。此外，实证检验还发现，内部身份感知和组织认同在工作场所无礼行为对工作投入的负向影响关系中发挥链式中介效应。这一发现为政府健全民办高校办学保障体系，提升民办高校的社会公信度，进而增强教师的内部身份感知和组织认同，为促进其工作投入提供了一定的实践启示。

1. 健全民办高校办学保障体系，增强内部身份感知对工作投入的正向影响

首先，要建立符合民办高等教育实际的教师社会保障体系。在政策层面，应尽快完善民办高校教师在薪资待遇、职称评定、职位晋级、培训进修等方面的保障制度。在管理实施层面，应认真解读各项政策规定，积极落实，以增强教师的组织认同。其次，应厘清民办高等教育的管理体制。民办高等教育是一项具有巨大社会效应的事业，而民办高校作为具体践行者，其有效的管理体制更能促进这一社会效应的发挥。因此，应优化民办高等教育管理体系：对于营利性民办高校，可将其办学视为市场经营行为，由市场行政管理部门和教育主管部门共同对其办学行为进行监督与管理；对于非营利性民办高校，则由高等教育主管职能部门对其办学行为进行管理。这样的管理划分，可以促进民办高校的可持续发展，提高人才培养质量和社会声望，进而增强教师的内部身份感知，促进教师工作投入水平的提升。

2. 提升民办高校的社会公信度，增强组织认同对工作投入的正向影响

新制度经济学中，正式制度和非正式制度都属于制度范畴，而价值观、意识形态、社会舆论和行为习惯等隶属于非正式制度范畴，在规范和调节人们的行为方面起重要作用。因此，政府应充分发挥舆论的导向作用，为民办高等教育的良好发展营造积极的社会氛围。首先，各级政府及职能部门应充分了解民办高等教育的准公共产品属性，认识到其良好发展的重要意义，认识到保障其健康、可持续发展是政府应承担的责任，率先改变对民办高等教育的认知，从而以意识形态的转变为社会舆论走向做好铺垫。其次，政府应主动规范或引导民办高等教育的舆论走向，发挥"舆论领导者"的作用，形成有利于民办高等教育健康发展的良好舆论环境。政府应广泛运用互联网、电视、电影、手机、广播、报纸和杂志等大众传媒形式，积极宣传民办高等教育的地位和作用、取得的成就和贡献、发展的趋势和前景，特别是对民办高等教育发展有突出贡献的个人和组织，可通过以上多种大众传媒形式进行重点宣扬和报道。同时，各级政府也应以实事求是的督导态度指出民办高等教育发展中存在的现实困难和问题，从积极正面、关心爱护的角度出发，提出有建设性的指导意见，帮助民办高校克服困难、解决问题。以上措施可以提升民办高校的社会公信度，进而增强教师的组织认同，促进教师工作投入水平的提升。

6.2.2 学校应努力杜绝教师工作场所无礼行为

本书的实证研究显示，工作场所无礼行为对内部身份感知、组织认同、工作投入有显著的负向影响。因此，学校应加深对工作场所无礼行为消极影响的认识，尽管工作场所无礼行为的伤害意图可能并不明显，难以觉察，但其导致的严重后果不亚于工作场所暴力行为所带来的影响。民办高校一方面应积极预防工作场所无礼行为的发生，及时发现并处理教师间的人际互动问题，将工作场所无礼行为杜绝在萌芽状态；另一方面应对工作场所无礼行为持"零容忍"态度，一旦发现相关行为，应以事论事、一视同仁地对实施者进行严肃处理。学校应积极探索减少甚至杜绝工作场所无礼行为的实践策略，为教师营造一个和谐文明的工作场所。

1. 进行文明干预，减少工作场所无礼行为的负向影响

本书的实证研究显示，工作场所无礼行为对教师的工作投入有负向影响。因此，学校应采取有效的措施，在工作场所中积极推动文明行为，抑制无礼行为，从而创造积极效应。一些学者(Osatuke等，2009)已经开始研究工作场所中文明行为的积极效应，并提出通过CREW(Civility，Respect and Engagement in the Workforce)干预，即通过礼遇员工、尊重员工、促进员工良性人际互动，来将工作场所无礼行为转变为文明行为，从而营造和谐文明的工作环境。CREW干预的成效在不同组织中得到了较好验证。如Leiter等(2012)指出，CREW干预给组织成员带来的积极影响能持续保持，组织中文明和谐的工作氛围也可以保持甚至呈上升趋势。Nicholson等(2014)基于工作要求-资源模型，将组织中的文明工作氛围视为工作资源，也证实了员工的工作投入受到文明组织气氛的正向影响作用。因此，CREW文明行为干预是民办高校管理者可借鉴的营造和谐文明工作氛围的良好措施。本书通过实证研究发现，工作场所无礼行为负向影响教师的内部身份感知和组织认同，而CREW干预措施能有效减少工作场所无礼行为的发生频率，进而减少工作场所无礼行为的负向影响，有利于教师形成更高的内部身份感知和组织认同。实证研究还发现，内部身份感知、组织认同对工作投入有显著正向影响，也即高水平的内部身份感知和组织认同有利于工作投入的提高。因此，学校通过CREW干预措施，能有效减少工作场所无礼行为对内部身份感知和组织认同的负向作用，进而减少对工作投入的负向影响。

2. 建立工作场所无礼行为零容忍机制

本书通过实证研究发现，工作场所无礼行为对教师的内部身份感知和组织认同均会产生负向影响，进而显著地负向影响工作投入。因此，民办高校应建立工作场所无礼行为零容忍机制，使教师尽可能避免工作场所无礼行为遭遇，这不仅有利于提高教师的工作投入水平，也有利于提升学校的办学质量。虽然许多学校都在岗位职责或职务说明中对教师的工作职责及工作行为规范做了具体规定，也对文明礼仪有相关规定，但是缺乏具体、可操作的描述，同时，由于工作场所无礼行为伤害意图模糊，不易被察觉到，因而许多无礼行为不易被认为违反了工作场所相互尊重的行为准则。学校应根据教育部印发的《新时代高校教师职业行为十项准则》相关要求，结合自身办学实际，制定相应的工作场所文明行为规范，做到制度化、具体化、可操作化，形成工作场所无礼行为零容忍机制，使教师明确知道哪些行为被视为工作场所无礼行为，且不能容忍，提醒教师时刻注意自己的言行举止。对于发现的工作场所无礼行为，应本着就事论事的原则，进行严肃处理。建立的零容忍机制，可以避免工作场所无礼行为"消极螺旋"升级模式的出现，减少工作场所无礼行为对教师内部身份感知和组织认同的消极影响，进而降低对工作投入的负向影响。

6.2.3　个人应积极提升自我感知可雇佣性

本书的实证研究显示，当教师的自我感知可雇佣性处于较高水平时，工作场所无礼行为通过内部身份感知和组织认同的链式中介作用对工作投入的显著负向影响效应减弱。因此，教师应深刻理解自我感知可雇佣性在工作场所无礼行为对工作投入影响机制中的调节效应。一方面，教师可以通过建立良好的人际互动关系来避免自己成为工作场所无礼行为的受施者；另一方面，当教师遭遇工作场所无礼行为时，可通过寻求支持系统来转移注意力，积极提升自我感知可雇佣性，进而缓减工作场所无礼行为对工作投入的负面影响。

1. 建立良好的人际互动关系，避免成为工作场所无礼行为受施者

人际互动是个体间心理感受与行为举止相互作用的方式，也是人们生活、工作等不可缺少的交流方式。因此，对个体层面而言，人际互动的效果直接影响其生活与工作的质量；对组织层面而言，组织成员间的人际互动质量会影响其组织行为管理、组织业绩和组织发展。而工作中的人际关系也相当复杂，不当的处理方式很可能使自己陷入困境，成为工作场所无礼行为受施者而受到负面影响，因此，教师应积极建立良好的人际互动关系，避免工作场所无礼行为遭遇。

首先，通过大五人格模型来了解自己的人格特征。有研究表明，工作场所无礼行为与大五人格特征密切相关，情绪不稳定、自律性差、高神经质、易冲动、宜人性低、易于挑衅、易寻求刺激等人格特征的个体更易引起他人实施无礼行为，而使自己成为受施者(Milam等，2009)。因此，民办高校教师应以大五人格理论为指导，认清自己的人格特征，避免成为工作场所无礼行为的受施者而受到负面影响。其次，积极塑造有利于人际互动的人格特征。大五人格模型(五因素模型)从五个维度(开放性、责任心、外倾性、宜人性、情绪稳定性)来描述个体在工作偏好、人际互动甚至领导风格中的行为偏好。因此，民办高校教师可通过以下方式来塑造有利于人际互动的人格特征：① 塑造开放性来训练思维模式；② 塑造宜人性和外倾性来锻炼人际互动能力；③ 塑造情绪稳定性来提高情绪管理能力；④ 塑造责任心来改变工作态度与工作行为。这样，就能在工作场所人际互动中取得良好的效果，因为大多数人都认为高开放性、高责任心、高外倾性和宜人性、情绪稳定的人更容易相处，也更愿意与之交流合作。

综上，教师良好的人际互动可降低自己成为工作场所无礼行为受施者的概率，从而避免受到负面影响的困扰。这样，教师可以有更多的时间和精力来提升自我，形成较高的自我感知可雇佣性。由前面对自我感知可雇佣性的相关假设的检验可知，自我感知可雇佣性可调节工作场所无礼行为对工作投入的负向影响关系中的链式中介效应，从而缓减其对工作投入的负向影响。

2. 提升自我感知可雇佣性，正确面对工作场所无礼行为

工作场所无礼行为会对受施者造成多种身心伤害，并可能引起失眠、焦虑等生理症状，还可能造成工作满意度降低、离职意愿增加等心理上的负面影响，从而对受施者的工作态度与工作行为产生影响。因此，当教师遭遇工作场所无礼行为时，应及时向主管领导、工会组织等反映情况，寻求学校的内部支持系统，防止再次遭遇工作场所无礼行为；也可与家人或朋友沟通，积极寻求亲朋好友的外部支持系统，疏导工作场所无礼行为遭遇所产生的消极情绪，减少身心健康伤害。此外，还可寻找适合自己的缓解工作场所无礼行为所带来的身心压力的方式方法，如通过户外爬山、体育运动、观赏美景、聆听音乐等方式来排压解乏，避免因工作压力过大而无意间成为无礼行为实施者，或是误解他人的言行举止而误以为自己是受施者。通过以上方式转移注意力后，教师可将更多的精力投入到自我提升中，形成高水平的自我感知可雇佣性，进而缓减工作场所无礼行为的负面影响。

本 章 小 结

本章基于前面的文献梳理和理论阐述，结合第 5 章的实证分析与假设检验，对假设检验结果进行了讨论；根据理论阐述与实证研究结果，从政府、学校、个体三重主体视角，分三个层面，即政府宏观层面、学校中观层面和个人(教师)微观层面，为民办高校管理实践提出了减少甚至杜绝工作场所无礼行为、提升教师工作投入程度的管理策略。

第7章　研究结论与展望

7.1　研究主要结论

本研究从我国民办高等教育实践出发，以民办高校教师为研究对象，引入调节变量(自我感知可雇佣性)，构建了有调节的链式中介模型，从理论上探讨了内部身份感知、组织认同在工作场所无礼行为对民办高校教师工作投入影响关系中的简单中介和链式中介作用，进一步探讨了自我感知可雇佣性在各路径中的调节作用，以及其对链式中介效应的调节作用，系统地探究了工作场所无礼行为对工作投入的作用机理。本研究填充了以往鲜有关注民办高校工作场所无礼行为作用机理的不足，拓展了该领域的研究视角，丰富了该领域的研究成果。

运用层次回归分析对工作场所无礼行为主效应进行验证，结果表明：

(1) 工作场所无礼行为对工作投入(活力、奉献、专注)水平具有显著的负向影响。

(2) 工作场所无礼行为对内部身份感知水平具有显著的负向影响。

(3) 工作场所无礼行为对组织认同水平具有显著的负向影响。

运用层次回归分析，借助 Process 程序，分别对内部身份感知和组织认同的简单中介效应进行检验，然后对两者的链式中介效应进行检验，结果表明：

(1) 内部身份感知在工作场所无礼行为与工作投入(活力、奉献、专注)影响关系间的简单中介效应成立。

(2) 组织认同在工作场所无礼行为与工作投入(活力、奉献、专注)影响关系间的简单中介效应成立。

(3) 内部身份感知和组织认同在工作场所无礼行为与工作投入(活力、奉献、专注)影响关系间的链式中介效应成立。

借助 SPSS22.0 统计软件，采用 Baron 和 Kenny(1986)的调节效应检验程序对自我感知可雇佣性在理论模型各路径间的调节作用进行验证，结果证实：

(1) 自我感知可雇佣性调节了内部身份感知对组织认同的正向影响关系。

(2) 自我感知可雇佣性调节了内部身份感知对活力的正向影响关系。

(3) 自我感知可雇佣性调节了组织认同对活力的正向影响关系。

(4) 自我感知可雇佣性就工作场所无礼行为对工作投入(活力、奉献、专注)的负向影响关系的调节作用不成立。

(5) 自我感知可雇佣性就工作场所无礼行为对内部身份感知的负向影响关系的调节作用不成立。

(6) 自我感知可雇佣性就工作场所无礼行为对组织认同的负向影响关系的调节作用不成立。

(7) 自我感知可雇佣性就内部身份感知与工作投入(奉献、专注)之间的正向关系的调节作用不成立。

(8) 自我感知可雇佣性就组织认同与工作投入(奉献、专注)之间的正向关系的调节作用不成立。

借助 Hayes(2013)的 Process 程序中的模型 92，采用 Bootstrap 样本数量为 5000，置信区间为 95%的 Bootstrap 法对有调节的链式中介效应进行验证，结果证实：

(1) 自我感知可雇佣性就内部身份感知在工作场所无礼行为与工作投入(活力、奉献、专注)影响关系间的完全中介效应起调节作用。

(2) 自我感知可雇佣性就组织认同在工作场所无礼行为与工作投入(活力、奉献、专注)影响关系间的完全中介效应的调节作用不成立。

(3) 自我感知可雇佣性调节了内部身份感知和组织认同在工作场所无礼行为与工作投入(活力、奉献、专注)影响关系间的链式中介作用。

7.2 主要创新点

虽然学界对工作场所消极行为研究越来越重视，对工作场所无礼行为的探索也处于不断发展阶段，但较少关注教育领域工作场所无礼行为，更少关注民办高校工作场所无礼行为，对其作用机制的探索也鲜有涉及。因此，本研究以工作场所无礼行为、工作投入为主题，以民办高校教师为研究对象，就工作场所无礼行为对工作投入的影响机制进行理论和实证分析，试图丰富、拓展现有研究成果。本研究的创新性如下：

(1) 以民办高校为研究情景，从受施者视角深度解读了工作场所无礼行为的消极影响。以往关于工作场所无礼行为的研究大多关注企事业单位、医疗卫生组织、酒店服务行业、体育运动机构等，少有关注高等学校，更鲜有关注民办高校。本书就工作场所无礼行为对民办高校教师工作投入的作用机理的探索，丰富了该领域的研究视角与研究情景。

(2) 构建了有调节的链式中介理论模型。以往研究较多关注工作场所无礼行为对工作投入的直接效应，或只关注两者影响关系间的简单中介效应。本书结合行为科学相关管理理论，在工作场所无礼行为对工作投入的直接影响路径间，引入中介变量(内部身份感知、组织认同)和调节变量(自我感知可雇佣性)构建了有调节的链式中介理论模型，系统地探究了自我感知可雇佣性对内部身份感知和组织认同链式中介效应的调节作用，深化了工作场所无礼行为对工作投入的作用机理研究，为民办高校教师工作投入的提高提供了理论依据。

(3) 采用 Process 程序验证了有调节的链式中介模型的合理性。运用 Bootstrap 法检验了在不同自我感知可雇佣性水平下，内部身份感知和组织认同在工作场所无礼行为与工作投入影响关系间的链式中介效应，丰富了有调节的链式中介模型的检验方法。检验结论为民办高校的管理实践提供了实证依据。

7.3　研究展望

本书通过构建有调节的链式中介理论模型，逐层深入地分析了在不同自我感知可雇佣性水平下，工作场所无礼行为对工作投入的影响机制，具有一定的理论贡献。通过对实证研究结果的讨论，从政府、学校、个体三重主体视角，分宏观、中观、微观层面提出了减少民办高校工作场所无礼行为、提高教师工作投入的管理策略，具有一定的实践指导意义。受主客观因素的限制，还存在以下有待进一步细化与完善的方面，主要体现在：

(1) 数据收集方面。首先，调查问卷为"自我报告"式，参与者在填答过程中可能会受到社会称许性的影响。其次，通过问卷获取的横截面数据在验证变量间的因果关系随时间推移的纵向影响机制方面有一定局限性。因此，以后研究中有必要收集纵向实验数据，对工作场所无礼行为通过内部身份感知、组织认同作用于工作投入的过程进行更深刻的分析。

(2) 测量量表方面。本书所引用的测量量表虽然均采用国外经典量表通过翻译修改而成，已经在国内学界得到了广泛验证，且在本研究中具有良好的信效度，但与原始量表相比，具有一定的研究情景差异，有可能会造成测量误差。因此，以后的研究中可根据国内具体情景开发更具针对性的测量量表，以获得更加科学客观的数据。

(3) 变量选取方面。本研究考察了内部身份感知、组织认同在工作场所无礼行为与工作投入(活力、奉献、专注)间的简单中介作用及链式中介作用，自我感知可雇佣性在工作场所无礼行为影响工作投入(活力、奉献、专注)各路径间的调节作用，未涉及其他影响因素。后续研究可根据不同类型(亲历型、实施型、目睹型)的工作场所无礼行为，探索其对工作投入的影响机制，寻找其他可能存在的中介变量或调节变量，进而拓展工作场所无礼行为对工作投入(活力、奉献、专注)影响机制的相关理论框架。

附录 调查问卷示例

尊敬的女士/先生：

您好！首先感谢您在百忙之中填写此项问卷，这是一项关于民办高校工作场所无礼行为对教职工的影响研究，期望得到您的帮助！回答问卷大约需要六分钟的时间，答案无"对""错"之分，只需按照您的真实看法和感受选择适当的选项即可。问卷采用不记名方式，您所填内容仅作学术研究之用，您的个人信息不会外传，敬请放心填写。

您是否为民办高校的教师？

○是　○不是

第一部分　问卷条目

一、无礼行为问卷

请您根据过去一年里，结合同事对您作出如下行为的频率，选择您认为最吻合的选项。

从来没有	很少	有时	经常	总是
1	2	3	4	5

1	同事很少关注我的陈述或见解。	1	2	3	4	5
2	同事怀疑我对于职责范围内的事情的判断。	1	2	3	4	5
3	同事给我充满敌意的眼神、凝视或冷笑。	1	2	3	4	5
4	同事用不规范的方式和我说话。	1	2	3	4	5
5	同事打断我的谈话。	1	2	3	4	5
6	同事对我做出贬低的评价。	1	2	3	4	5
7	同事对我大呼小叫甚至辱骂。	1	2	3	4	5
8	同事对我做出无礼甚至侮辱的评论。	1	2	3	4	5
9	同事无视我或不和我说话。	1	2	3	4	5
10	同事指责我不作为。	1	2	3	4	5
11	同事把我当作出气筒。	1	2	3	4	5
12	同事以损害我的利益开玩笑。	1	2	3	4	5

二、工作投入问卷

请根据您的实际感受和体会，选择您认为最吻合的选项。

从来没有	很少	有时	经常	总是
1	2	3	4	5

1	我在工作中感到精力饱满。	1	2	3	4	5
2	我在工作中感到活力四射。	1	2	3	4	5
3	我在工作中富有热忱。	1	2	3	4	5
4	我的工作激发了我的灵感。	1	2	3	4	5
5	我一起床就想要去工作。	1	2	3	4	5
6	我在工作中感到愉快。	1	2	3	4	5
7	我在工作中感到自豪。	1	2	3	4	5
8	我沉浸在工作中。	1	2	3	4	5
9	我在工作中会达到忘我的状态。	1	2	3	4	5

三、内部身份感知问卷

请根据您的实际感受和体会，选择您认为最吻合的选项。

非常不同意	不同意	不确定	同意	非常同意
1	2	3	4	5

1	我感到自己是工作所在学校的一分子。	1	2	3	4	5
2	我工作的学校使我确信自己就是其中的一员。	1	2	3	4	5
3	我不觉得自己是工作所在学校的局外人。	1	2	3	4	5
4	我感觉我能被工作所在民办高校接纳。	1	2	3	4	5
5	我感觉我是工作所在民办高校的内部成员。	1	2	3	4	5
6	我感觉我没有被工作所在民办高校冷落。	1	2	3	4	5

四、组织认同问卷

请根据您的实际感受和体会，选择您认为最吻合的选项。

非常不同意	不同意	不确定	同意	非常同意
1	2	3	4	5

1	当别人称赞我所在的民办高校时，感觉像是称赞自己。	1	2	3	4	5
2	当别人对我所在民办高校发表看法时，我很感兴趣。	1	2	3	4	5
3	当别人批评我所在民办高校时，感觉像是侮辱自己。	1	2	3	4	5
4	当我谈论工作所在民办高校时，我通常说"我们"而不是"他们"。	1	2	3	4	5
5	当我所在民办高校成功时，感觉像是自己的成功。	1	2	3	4	5
6	当媒体报道批评我所在民办高校时，我会感到尴尬。	1	2	3	4	5

五、自我感知可雇佣性

请根据您的实际感受和体会，选择您认为最吻合的选项。

非常不同意	不同意	不确定	同意	非常同意
1	2	3	4	5

1	我能在其他单位找到与自己能力、经验相关的工作。	1	2	3	4	5
2	我的能力使我能轻松地在同类型单位中找到工作。	1	2	3	4	5
3	其他单位愿意招聘工作能力与经历同我相似的员工。	1	2	3	4	5
4	我的能力，很容易在其他单位找到就业机会。	1	2	3	4	5
5	我具有被其他单位聘用的能力。	1	2	3	4	5
6	我的能力，能够轻松地获得一份工作。	1	2	3	4	5
7	我的工作能力适用于其他单位的工作。	1	2	3	4	5

第二部分　基本情况

1. 您的性别

○男　○女

2. 您的年龄段

○25 岁及以下　　○26～35 岁　　○36～45 岁　　○46 岁及以上

3. 您的教育程度

○高中及以下　○大专　○本科　○硕士　○博士

4. 您所在学校的性质

○民办高职(专科)　　○民办本科(独立学院)

5. 您的职称：

○未定级　○初级　○中级　○副高　○正高

6. 您在该单位的工作年限

○少于 1 年　○1～5 年　　○6～10 年　　○10 年以上

7. 您的婚姻状况

○已婚　○未婚

8. 您的工作类型

○教学人员　　○教学兼行政人员　　○行政人员

问卷到此结束，非常感谢您的支持和科学精神！

参 考 文 献

[1]　ADAMS G A, WEBSTER J R, 2013. Emotional regulation as a mediator between interpersonal mistreatment and distress[J]. European Journal of Work and Organizational Psychology, 22(6): 697-710.

[2]　ALT D, ITZKOVICH Y, 2016. Adjustment to college and perceptions of faculty incivility[J]. Current Psychology, 35(4): 657-666.

[3]　ANDERSSON L M, PEARSON C M, 1999. Tit for tat? The spiraling effect of incivility in the workplace[J]. Academy of Management Review, 24(3): 452-471.

[4]　ARYEE S, CHEN Z X, 2006. Leader-member exchange in a Chinese context: antecedents, themediating role of psychological empowerment and outcomes[J]. Journal of Business Research, (3): 793-801.

[5]　ASHFORTH B E, MAEL F, 1989. Social identity theory and the organization[J]. Academy of Management Review, 14(1): 20-39.

[6]　BAKKER A B, DEMEROUTI E, 2007. The job demands-resources model: state of the art[J]. Journal of Managerial Psychology, 22(3): 309-328.

[7]　BAKKER A B, DEMEROUTI E, 2008. Towards a model of work engagement[J]. Career Development International, 13(3): 209-223.

[8]　BAKKER A B, DEMEROUTI E, DE BOER E, et al, 2003. Job demands and job resources as predictors of absence duration and frequency[J]. Journal of Vocational Behavior, 62(2): 341-356.

[9]　BAKKER A B, DEMEROUTI E, EUWEMA M C, 2005. Job resources buffer the impact of job demands on burnout[J]. Journal of Occupational Health Psychology, 10(2): 170-180.

[10]　BAKKER A B, DEMEROUTI E, SCHAUFELI W B, 2005. The crossover of burnout and work engagement among working couples[J]. Human Relations, 58(5): 661-689.

[11]　BAKKER A B, DEMEROUTI E, VERBEKE W, 2004. Using the job demands-resources model to predict burnout and performance[J]. Human Resource Management, 43(1): 83-104.

[12]　BARON R M, KENNY D A, 1986. The moderator-mediator variable distinction in social psychological research: conceptual, strategic, and statistical considerations[J]. Journal of

Personality and Social Psychology, 51(6): 1173-1182.

[13] BAUMEISTER R F, LEARY M R, 1995. The need to belong: desire for interpersonal attachments as a fundamental human motivation[J]. Psychological Bulletin, 117(3): 497-529.

[14] BEATTIE L, GRIFFIN B, 2014. Accounting for within person differences in how people respond to daily incivility at work[J]. Journal of Occupational & Organizational Psychology, 87(3): 625-644.

[15] BERNTSON E, MARKLUND S, 2007. The relationship between employ ability and subsequent health[J]. Work and Stress, 21(3): 279-292.

[16] BEVERIDGE W H, DEARLE N B, WOLFE A B, 1909. Unemployment: a problem in industry[J]. Journal of Political Economy, 17(7): 476-478.

[17] BLAU G, 2007. Partially testing a process model for understanding victim responses to an anticipated worksite closure[J]. Journal of Vocational Behavior, 71(3): 401-428.

[18] BLAU G, ANDERSSON L, 2005. Testing a measure of instigated workplace incivility[J]. Journal of Occupational and Organizational Psychology, 78(4): 595-614.

[19] BLAU P, 1964. Power and exchange in social life[M]. New York, USA: John Wiley & Sons.

[20] BRITT T W, ADLER A B, BARTONE P T, 2001. Deriving benefits from stressful events: the role of engagement in meaningful work and hardiness[J]. Journal of Occupational Health Psychology, 6(1): 53-63.

[21] BROWN P, HESKETH A, WILIAMS S, 2003. Employ ability in a knowledge-driven economy[J]. Journal of Education & Work, 16(2): 107-126.

[22] BUNK J A, MAGLEY V J, 2013. The role of appraisals and emotions in understanding experiences of workplace incivility[J]. Journal of Occupational Health Psychology, 18(1): 87-105.

[23] BURNFIELD J L, CLARK O L, DEVENDORF S A, et al, 2004. Understanding workplace incivility: scale development and validation[C]//19th Annual Meeting of the Society for Industrial and Organizational Psychology. Chicago, USA.

[24] CAMERON A F, WEBSTER J, 2011. Relational outcomes of multi-communicating: integrating incivility and social exchange perspectives[J]. Organization Science, 22(3): 754-771.

[25] CHEN C F, CHEN S C, 2012. Burnout and work engagement among cabin crew: antecedents and consequences[J]. International Journal of Aviation Psychology, 22(1): 41-58.

[26] CHEN Y, FERRIS D L, KWAN H K, et al, 2013. Self-love's lost labor: a self-enhancement model of work-place incivility[J]. Academy of Management Journal, 56(4): 1199-1219.

[27] CHEN Z X, ARYEE S, 2007. Delegation and employee work outcomes: an examination of the cultural context of mediating processes in China[J].Academy of Management Journal, 50(1): 226-238.

[28] CHRISTIAN M S, GARZA A S, SLAUGHTER J E, 2011. Work engagement: a quantitive review and test of its relations with task and contextual performance[J]. Personnel Psychology, 64(1): 89-136.

[29] COHEN J, COHEN P, WEST S G, et al, 2003. Applied multiple regression/correlation analysis for the behavioral sciences[M]. 3rd ed. New York, USA: Rout ledge.

[30] CORTINA L M, KABAT-FARR D, LESKINEN E A, et al, 2013. Selective incivility as modern discrimination in organizations evidence and impact[J]. Journal of Management, 39(6): 1579-1605.

[31] CORTINA L M, LONSWAY K A, MAGLEY V J, 2004. Re-conceptualizing workplace incivility through the lenses of gender and race[C]//the Annual Meeting of the Society for Industrial Organizational Psychology. Chicago, USA.

[32] CORTINA L M, MAGLEY V J, 2009. Patterns and profiles of response to incivility in the workplace[J]. Journal of Occupational Health Psychology, 14(3): 272-288.

[33] CORTINA L M, MAGLEY V J, Williams J H, et al, 2001. Incivility in the workplace: incidence and impact[J]. Journal of Occupational Health Psychology, 6(1): 64-80.

[34] DE OLIVEIRA L B, DA SILVA F F R A, 2015. The effects of high performance work systems and leader-member exchange quality on employee engagement: evidence from a Brazilian non-profit organization[J]. Procedia Computer Science, 55: 1023-1030.

[35] DE WITTE Hans, DE CUYPER Nele, HANDAJA Yasmin, et al, 2010. Associations between quantitative and qualitative job insecurity and well-being[J]. International Studies of Management & Organization, 40(1): 40-56.

[36] DEL CARMEN AGUILAR RIVERA M, VILLARDÓN GALLEGO L, Álvarez ÁlvarezM, et al, 2012. Perceived employability and competence development[J]. Procedia-Social and Behavioral Sciences, 69: 1191-1197.

[37] DEMEROUTI E, BAKKER A B, 2011. The job demands-resources model: challenges for future research[J]. South African Journal of Industrial Psychology, 37(2): 1-9.

[38] DEMEROUTI E, BAKKER A B, NACHREINER F, et al, 2001. The job demands-resources

model of burnout[J]. Journal of Applied Psychology, 86(3): 499-512.

[39]　DEMEROUTI E, BAKKER A B, JONGE J D, 2001. Burnout and engagement at work as a function of demands and control[J]. Scandinavian Journal of Work Environment & Health, 27(4): 279-286.

[40]　DICK R V, WAGNER U, STELLMACHER J, et al, 2004. The utility of a broader conceptualization of organizational identification: which aspects really matter[J]. Journal of Occupational and Organizational Psychology, 77(2): 171-191.

[41]　DIEFENDORFF J M, CROYLE M, 2008. Antecedents of emotional display rule commitment[J]. Human Performance, 21(3): 310-332.

[42]　DOERINGER P B, PIORE M J, 1971. Internal labor markets and manpower analysis[M]. Lexington, USA: Heath Lexington Books.

[43]　DUDENHÖFFER S, DORMANN C, 2013. Customer-related social stressors and service providers' affective reactions[J]. Journal of Organizational Behavior, 34(4): 520-539.

[44]　DUTTON J E, HARQUAIL D C V, 1994. Organizational images and member identification[J]. Administrative Science Quarterly, 39(2): 239-263.

[45]　ELLOY D F, EVERETT J E, FLYNN W R, 1991. An examination of the correlates of job involvement[J]. Group and Organization Management, 16(2): 160-177.

[46]　EPITROPAKI O, MARTIN R, 2013. Transformationaltransactional leadership and upward influence: the role of relative leader-member exchanges (RLMX) and perceived organizational support (POS)[J]. Leadership Quarterly, 24(2): 299-315.

[47]　ERIK Berntson, 2006. Predicting perceived employability: human capital or labour market opportunities? [J]. Economic and Industrial Democracy, 27(2): 223-244.

[48]　FERGUSON M, 2012. You cannot leave it at the office: Spillover and crossover of coworker incivility[J]. Journal of Organizational Behavior, 33(4): 571-588.

[49]　FIRTH R, 1967. Themes in economic anthropology[M]. UK: Tavistock Publications.

[50]　FORRIER A, SELS L, 2003. The concept employability: a complex mosaic[J]. International Journal of Human Resources Development and Management, 3(3): 102-124.

[51]　GAUTAM T, DICK R V, WAGNER U, 2004. Organizational identification and organizational commitment: distinct aspects of two related concepts[J]. Asian Journal of Social Psychology, 7(3): 301-315.

[52]　GIUMETTI G W, HATFIELD A L, SCISCO J L, et al, 2013. What a rude e-mail! Examining the differential effects of incivility versus support on mood, energy, engagement, and

performance in an online context[J]. Journal of Occupational Health Psychology, 18(3): 297-309.

[53] GRIFFETH R W, STEEL R P, ALLEN D G, et al, 2005. The development of a multidi-mensional measure of job market cognitions: the employment opportunity index (EOI)[J]. Journal of Applied Psychology, 90(2): 335-349.

[54] GRIFFIN B, 2010. Multilevel relationships between organizational-level incivility, justice and intention to stay[J]. Work and Stress, 24(4): 309-323.

[55] GUERRERO S, SYLVESTRE J, MURESANU D, 2013. Pro-diversity practices and perceived insider status[J]. Cross Cultural Management, 20(1): 5-19.

[56] GUO J, QIU Y J, 2019. Workplace incivility and organisational identification: the role of affective organisational commitment and perceived insider status[J]. Journal of Psychology in Africa, 29(5): 452-459.

[57] GUO J, QIU Y J, GAN Y T, 2020. Workplace incivility and work engagement: the chain mediating effects of perceived insider status, affective organizational commitment and organizational identification[J]. Current Psychology, (3): 1-12.

[58] HAKANEN J J, BAKKER A B, Schaufeli W B, 2006. Burnout and work engagement among teachers[J]. Journal of School Psychology, 43(6): 495-513.

[59] HALL R H, PATCHEN M, 1970. Participation, achievement, and involvement on the job[J]. American Sociological Review, 36(4): 271-278.

[60] HAROLD C M, HOLTZ B C, 2015. The effects of passive leadership on workplace incivility[J]. Journal of Organizational Behavior, 36(1): 16-38.

[61] HARTER J K, SCHMIDT F L, HAYES T L, 2002. Business-unit-level relationship between employee satisfaction, employee engagement, and business outcomes: a meta-analysis[J]. Journal of Applied Psychology, 87(2): 268-279.

[62] HAYES A F, 2013. Introduction to mediation, moderation, and conditional process analysis: a regression-based approach[J]. Journal of Educational Measurement, 51(3): 335-337.

[63] HOBFOLL S E, 1989. Conservation of resources: a new attempt at conceptualizing stress[J]. American Psychologist, 44(3): 513-524.

[64] HOBFOLL S E, 2001. The influence of culture, community, and the nested-self in the stress process: advancing conservation of resources theory[J]. Applied Psychology, 50(3): 337-370.

[65] HOFFMAN R L, CHUNTA K, 2015. Workplace incivility: promoting zero tolerance in nursing[J]. Journal of Radiology Nursing, 34(4): 222-227.

[66] HOMANS G C, 1958. Social behavior as exchange[J]. American Journal of Sociology, 63(6): 597-606.

[67] HOSSEINPOUR-DALENJAN L, ATASHZADEH-SHOORIDEH F, HOSSEINI M, et al, 2017. The correlation between nurses' work engagement and workplace incivility[J]. Iranian Red Crescent Medical Journal, 19(4): 126-135.

[68] HUI C, LEE C, WANG H, 2015. Organizational inducements and employee citizenship behavior: the mediating role of perceived insider status and the moderating role of collectivism[J]. Human Resource Management, 54(3): 439-456.

[69] HUYNH J Y, METZER J C, WINEFIELD A H, 2012. Engaged or connected? A perspective of the motivational pathway of the job demands-resources model in volunteers working for nonprofit organizations[j]. International Journal of Voluntary and Nonprofit Organizations, 23(4): 1-29.

[70] ISMAIL R, ALI M, 2016. Workplace incivility a hurdle in TQM practices implementation in higher education institutes of balochistan[J]. Journal of Education & Practice, 7: 60-72.

[71] JOHNSON M D, MORGESON F P, 2005. Cognitive and affective identification in organizational settings[J]. Academy of Management Annual Meeting Proceedings, 64(1): 1-6.

[72] JUDGE T A, CABLE D M, BOUDREAU J W, et al, 1995. An empirical investigation of the predictors of executive career success[J]. Personnel Psychology, 48(3): 485-519.

[73] KAHN W A, 1990. Psychological conditions of personal engagement and disengagement at work[J]. Academy of Management Journal, 33(4): 692-724.

[74] KATARIA A, GARG P, RASTOGI R, 2013. Does psychological climate augment OCBs? The mediating role of work engagement[J]. Psychologist Manager Journal, 16(4): 217-242.

[75] KERN J H, GRANDEY A A, 2009. Customer incivility as a social stressor: the role of race and racial identity for service employees[J]. Journal of Occupational Health Psychology, 14(1): 46-57.

[76] KIM T Y, SHAPIRO D L, 2008. Retaliation against supervisory mistreatment: negative emotion, group membership, and cross-cultural difference[J]. International Journal of Conflict Management, 19(4): 339-358.

[77] KNIPPENBERG D V, SLEEBOS E D, 2006. Organizational identification versus organizational commitment: self-definition, social exchange, and job attitudes[J]. Journal of Organizational Behavior, 27(5): 571-584.

[78] LANGSETH-EIDE B, 2019. It's been a hard day's night and i've been working like a dog:

workaholism and work engagement in the JD-R model[J]. Frontiers in Psychology, 10: 1444-1449.

[79] LAPALME M E, STAMPER C L, SIMARD G, et al, 2010. Bringing the outside in: can "external" workers experience insider status? [J].Journal of Organizational Behavior, 30(7): 919-940.

[80] LASCHINGER H K, WONG C, REGAN S, et al, 2013. Workplace incivility and new graduate nurses' mental health: the protective role of resiliency[J]. Journal of Nursing Administration, 43(7/8): 415-421.

[81] LAZARUS R S, 1993. From psychological stress to the emotions: a History of changing outlooks[J]. Annual Review of Psychology, 44(1): 1-21.

[82] LEARY M R, BAUMEISTER R F, 2000. The nature and function of self-esteem: sociometer theory[J]. Advances in Experimental Social Psychology, 32: 1-62.

[83] LEE R, ASHFORTH B E, 1996. A meta-analytic examination of the correlates of the three dimensions of job burnout[J]. Journal of Applied Psychology, 8(2): 123-133.

[84] LEE S M, 1971. An empirical analysis of organizational identification[J]. Academy of Management Journal, 14(2): 213-226.

[85] LEITER M P, DAY A, OORE D G, et al, 2012. Getting better and staying better: assessing civility, incivility, distress, and job attitudes one year after a civility intervention[J]. Journal of Occupational Health Psychology, 17(4): 425-434.

[86] LEITER M P, LASCHINGER H KS, DAY A, et al, 2011. The impact of civility interventions on employee social behavior, distress, and attitudes[J]. Journal of Applied Psychology, 96(6): 1258-1274.

[87] LEITER M P, PRICE S L, LASCHINGER H KS, 2010. Generational differences in distress, attitudes and incivility among nurses[J]. Journal of Nursing Management, 18(8): 970-980.

[88] LEWIS P S, MALECHA A, 2011. Impact of workplace incivility on the work environment, manager skill, and productivity[J]. Journal of Nursing Administration, 41(1): 17-23.

[89] LI J, WU L Z, LIU D, et al, 2014. Insiders maintain voice: a psychological safety model of organizational politics[J]. Asia Pacific Journal of Management, 31(3): 853-874.

[90] LIAO F Y, YANG L Q, WANG M, et al, 2013. Team-member exchange and work engagement: does personality make a difference? [J]. Journal of Business and Psychology, 28(1): 63-77.

[91] LIM S, CORTINA L M, MAGLEY V J, 2008. Personal and work group incivility: impact on work and health outcomes[J]. Journal of Applied Psychology, 93(1): 95-107.

[92] LIM S, LEE A, 2011. Work and nonwork outcomes of workplace incivility: does family support help? [J]. Journal of Occupational Health Psychology, 16(1): 95-111.

[93] LIM V K G, TEO T S H, 2009. Mind your E-manners: impact of cyber incivility on employees' work attitude and behavior[J]. Information & Management, 46(8): 419-425.

[94] LOH J M I, THORSTEINSSON E B, LOI N M, 2019. Workplace incivility and work outcomes: cross-cultural comparison between Australian and Singaporean employees[J]. Asia Pacific Journal of Human Resources, 59(2): 305-329.

[95] MACEY W H, SCHNEIDER B, 2010. The meaning of employee engagement[J]. Industrial & Organizational Psychology, 1(1): 3-30.

[96] MAEL F, ASHFORTH B E, 1992. Alumni and their alma mater: a partial test of the reformulated model of organizational identification[J]. Journal of Organizational Behavior, 13(2): 103-123.

[97] MAKIKANGAS A, DE CUYPER N, MAUNO S, et al, 2013. A longitudinal person-centred view on perceived employability: the role of job insecurity[J]. European Journal of Work & Organizational Psychology, 22(4): 490-503.

[98] MARTIN R J, HINE D W, 2005. Development and validation of the uncivil workplace behavior questionnaire[J]. Journal of Occupational Health Psychology, 10(4): 477-490.

[99] MASLACH C, SCHAUFELI W B, LEITER M P, 2001. Job burnout[J]. Annual Review of Psychology, 52(1): 397-422.

[100] MASTERSON S S, STAMPER C L, 2003. Perceived organizational membership: an aggregate framework representing the employee-organization relationship[J]. Journal of Organizational Behaviour, 24(5): 473-490.

[101] MEIER L L, GROSS S, 2015. Episodes of incivility between subordinates and supervisors: examining the role of self-control and time with an interaction-record diarystudy[J]. Journal of Organizational Behavior, 36(8): 1096-1113.

[102] MICHAEL D J, FREDERICK P M, DANIEL R I, et al, 2006. Multiple professional identities: examining differences in identification across work-related targets[J]. Journal of Applied Psychology, 91(2): 498-506.

[103] MILAM A C, SPITZMUELLER C, PENNEY L M, 2009. Investigating individual differences among targets of workplace incivility[J]. Journal of Occupational Health Psychology, 14(1): 58-69.

[104] MILLER V D, ALLEN M, CASEY M K, et al, 2016. Reconsidering the organizational

identification questionnaire[J]. Management Communication Quarterly, 13(4): 626-658.

[105]   MINER-RUBINO K, CORTINA L M, 2004. Working in a context of hostility toward women: implications for employees' well-being[J]. Journal of Occupational Health Psychology, 9(2): 107-122.

[106]   MINER-RUBINO K, REED W D, 2011. Testing a moderated mediational model of workgroup incivility: the roles of organizational trust and group regard[J]. Journal of Applied Social Psychology, 40(12): 3148-3168.

[107]   MORGAN J M, REYNOLDS C M, NELSON T J, et al, 2004. Tales from the fields: sources of employee identification in agribusiness[J]. Management Communication Quarterly, 17(3): 360-395.

[108]   NÄSWALL K, BARALDI S, RICHTER A, et al, 2006. The salaried employee in the modern working life: threats and challenges[M]. Stockholm, Sweden: Elanders Gotab.

[109]   NGO H Y, LIU H, CHEUNG F, 2017. Perceived employability of Hong Kong employees: its antecedents, moderator and outcomes[J]. Personnel Review, 46(1): 17-35.

[110]   NICHOLSON R M, LEITER M P, LASCHINGER H K S, 2014. Predicting cynicism as a function of trust and civility: a longitudinal analysis[J]. Journal of Nursing Management, 22(8): 974-983.

[111]   O'REILLY C, CHATMAN J, 1986. Organizational commitment and psychological attachment: the effects of compliance, identification, and internalization on prosocial behavior[J]. Journal of Applied Psychology, 71(3): 492-499.

[112]   OSATUKE K, MOORE S C, WARD C, et al, 2009. Civility, respect, engagement in the workforce (CREW): nationwide organization development intervention at veterans health administration[J]. Journal of Applied Behavioral Science, 45(3): 384-410.

[113]   PEARSON C, PORATH C, 2009. The cost of bad behavior: How incivility is damaging your business and what to do about it[M]. New York, USA: Penguin.

[114]   PEARSON C M, ANDERSSON L M, PORATH C L, 2000. Assessing and attacking workplace incivility[J]. Organizational Dynamics, 29(2): 123-137.

[115]   PORATH C L, EREZ A, 2009. Overlooked but not untouched: how rudeness reduces onlookers' performance on routine and creative tasks[J]. Organizational Behavior & Human Decision Processes, 109(1): 29-44.

[116]   PORATH C L, PEARSON C, 2013. The price of incivility[J]. Harvard Business Review, 91(2): 114-121.

[117] PREACHER K J, HAYES A F, 2008. Asymptotic and resampling strategies for assessing and comparing indirect effects in multiple mediator models[J]. Behavior Research Methods, 40(3): 879-891.

[118] RIDETTA M, 2005. Organizational identification: a meta-analysis[J]. Journal of Vocational Behavior, 66(2): 358-384.

[119] ROBINSON S L, BENNETT R J, 1995. A typology of deviant workplace behaviors: a multidimensional scaling study[J]. Academy of Management Journal, 38(2): 555-572.

[120] ROTHBARD N P, 2001. Enriching or depleting? The dynamics of engagement in work and family roles[J]. Administrative Science Quarterly, 46(4): 655-684.

[121] ROTHWELL A, ARNOLD J, 2007. Self-perceived employability: development and validation of a scale[J]. Personnel Review, 36(1): 23-41.

[122] SAKURAI K, JEX S M, 2012. Coworker incivility and incivility targets'work effort and counterproductive work behaviors: the moderating role of supervisor social support[J]. Journal of Occupational Health Psychology, 17(2): 150-161.

[123] SALANOVA M, BAKKER A B, LLORENS S, 2006. Flow at work: Evidence for an upward spiral of personal and organizational resources[J]. Journal of Happiness Studies, 7(1): 1-22.

[124] SCHAUFELI W B, BAKKER A B, 2004. Job demands, job resources, and their relationship with burnout and engagement: a multi-sample study[J]. Journal of Organizational Behavior, 25(3): 293-315.

[125] SCHAUFELI W B, BAKKER A B, SALANOVA M, 2006. The measurement of work engagement with a short questionnaire a cross-national study[J]. Educational & Psychological Measurement, 66(4): 701-716.

[126] SCHAUFELI W B, SALANOVA M, GONZALEZ-ROMÁ V, et al, 2002. The measurement of engagement and burnout: a two sample confirmatory factor analytic approach[J]. Journal of Happiness Studies, 3(1): 71-92.

[127] SCHILPZAND P, DE PATER I E, EREZ A, 2016. Workplace incivility: a review of the literature and agenda for future research[J]. Journal of Organizational Behavior, 37(S1): 57-88.

[128] SCHILPZAND P, LEAVITT K, LIM S, 2016. Incivility hatescompany: shared incivility attenuates rumination, stress, and psychological withdrawal by reducing self-blame[J]. Organizational Behavior and Human Decision Processes, 133: 33-44.

[129]   SCOTT K L, RESTUBOG S L D, ZAGENCZYK T J, 2013. A social exchange-based model of the antecedents of workplace exclusion[J]. Journal of Applied Psychology, 98(1): 37-48.

[130]   SHARIFIRAD M S, 2016. Can incivility impair team's creative performance through paralyzing employee's knowledge sharing? A multi-level approach[J]. Leadership and Organization Development Journal, 37(2): 200-225.

[131]   SIMBULA S, GUGLIELMI D, SCHAUFELI W, et al, 2013. The Italian validation of the Utrecht work engagement scale: characterization of engaged groups in a sample of school teachers[J]. Bollettino Di Psicologia Applicata, 268: 43-54.

[132]   SLITER M, JEX S, WOLFORD K, et al, 2010. How rude! Emotional labor as a mediator between customer incivility and employee outcomes[J]. Journal of Occupational Health Psychology, 15(4): 468-481.

[133]   SLITER M, SLITER K, JEX S, 2011. The employee as a punching bag: the effect of multiple sources of incivility on employee withdrawal behavior and sales performance[J]. Journal of Organizational Behavior, 33(1): 121-139.

[134]   SMIDTS A, VAN RIEL C, PRUYN A T H, 2001. The impact of employee communication and perceived external prestige on organizational identification[J]. Academy of Management Journal, 44(5): 1051-1062.

[135]   SOK J, BLOMME R, TROMP D, 2013. The use of the psychological contract to explain self-perceived employability[J]. International Journal of Hospitality Management, 34: 274-284.

[136]   STAMPER C L, MASTERSON S S, 2002. Insider or outsider? How employee perceptions of insider status affect their work behavior[J]. Journal of Organizational Behavior, 23(8): 875-894.

[137]   STELLING J, CHERNISS C, 1980. Professional burnout in human service organizations[J]. Contemporary Sociology, 11(1): 105.

[138]   TAYLOR S G, BEDEIAN A G, KLUEMPER D H, 2012. Linking workplace incivility to citizenship performance: the combined effects of affective commitment and conscientioussness[J]. Journal of Organizational Behavior, 33(7): 878-893.

[139]   TÖRNROOS K, BERNHARD-OETTEL C, LEINEWEBER C, 2017. Perceived employability trajectories: a Swedish cohort study[J]. Journal of Occupational Health, 59(4): 336-344.

[140]   TRIMBOLI P, NGU R, ROYER B, et al, 2019. A multicentre validation study for the

EU-TIRADS using histological diagnosis as a gold standard[J]. Clinical Endocrinology, 91(2): 340-347.

[141] TRUDEL J, REIO T G, 2011. Managing workplace incivility: the role of conflict management styles-antecedent or antidote? [J]. Human Resource Development Quarterly, 22(4): 395-423.

[142] WALSH B M, MAGLEY V J, REEVES D W, et al, 2012. Assessing workgroup norms for civility: the development of the civility norms questionnaire-brief[J]. Journal of Business and Psychology, 27(4): 407-420.

[143] WANG C H, CHEN H T, 2020. Relationships among workplace incivility, work engagement and job performance[J]. Journal of Hospitality and Tourism Insights, 3(4): 415-429.

[144] WANG J, KIM T Y, 2013. Proactive socialization behavior in China: the mediating role of perceived insider status and the moderating role of supervisors' traditionality[J]. Journal of Organizational Behavior, 34(3): 389-406.

[145] WEISS H M, CROPANZANO R, 1996. Affective events theory: a theoretical discussion of the Structure, cause and consequences of affective experiences at work[J]. Research in Organizational Behavior, 18(3): 1-74.

[146] WELBOURNE J L, GANGADHARAN A, ESPARZA C A, 2016. Coping style and gender effects on attitudinal responses to incivility[J]. Journal of Managerial Psychology, 31(3): 720-738.

[147] WILSON N L, HOLMVALL C M, 2013. The development and validation of the incivility from customers scale[J]. Journal of Occupational Health Psychology, 18(3):310-326.

[148] WRIGHT T A, CROPANZANO R, 1998. Emotional exhaustion as a predictor of job performance and voluntary turnover[J]. Journal of Applied Psychology, 83(3): 486-493.

[149] XANTHOPOULOU D, BAKKER A B, DEMEROUTI E, et al, 2009. Work engagement and financial returns: a diary study on the role of job and personal resources[J]. Journal of Occupational & Organizational Psychology, 82(1): 183-200.

[150] 白玉苓，张慧慧，2014. 工作要求和工作资源对工作投入的影响研究[J]. 经济与管理研究(10)：66-72.

[151] 陈海平，2005. 人力资本、社会资本与高校毕业生就业：对高校毕业生就业影响因素的研究[J]. 青年研究(11)：10-17.

[152] 陈润龙，2007. 组织支持影响工作投入的中介变量和调节变量[D]. 广州：华南师范

大学.

[153] 陈阳，2020. DY 公司绩效反馈对员工工作投入影响的研究[D]. 成都：电子科技大学.

[154] 陈忠卫，贾培蕊，2004. 基于也理契约的高层管理团队凝聚力问题研究[J]. 管理科学，17(1)：46-52.

[155] 程骏骏，苏勇，王妤扬，2015. 能力匹配，可雇佣性和离职倾向：工作满意度的中介作用[J]. 当代财经(2)：66-75.

[156] 崔益艳，2012. 领导成员交换与员工沉默行为关系研究[J]. 商业时代(36)：68-69.

[157] 董坤，2014. 内部服务质量对新生代员工服务导向的影响机制：基于厦门市星级酒店的实证研究[D]. 厦门：厦门大学.

[158] 杜江明，2009. 工作场所不文明行为的测量及其与情感承诺、离职意愿的关系研究[D]. 北京：中国人民大学.

[159] 高明星，2017. 高速公路筑路工人的工作投入问题研究[D]. 西安：西安科技大学.

[160] 关奉民，2014. 工作场所无礼行为对员工工作投入的影响研究[D]. 上海：华东理工大学.

[161] 宫淑燕，2015. 新生代知识员工自我认同对组织行为的作用机理研究[D]. 西安：西北工业大学.

[162] 郭云贵，张丽华，2016. 组织社会化对工作投入的影响机理研究：基于认同理论视角[J]. 软科学，30(4)：69-73.

[163] 何立，凌文辁，2010. 领导风格对员工工作绩效的作用：组织认同和工作投入的影响[J]. 企业经济(11)：65-68.

[164] 何立，凌文辁，2012. 领导风格对员工工作投入的作用：组织文化和组织认同的影响[J]. 战略决策研究，3(5)：78-83.

[165] 胡三嫚，刘明月，徐东芳，2015. 企业员工自我感知可雇佣性、程序公平与离职意向的关系研究[J]. 中国劳动关系学院学报，29(1)：52-58.

[166] 胡三嫚，申传刚，2020. 大学应届毕业生感知可雇佣性对积极求职行为与主观幸福感的影响：一个有调节的中介模型[J]. 中国临床心理学杂志，28(1)：126-131.

[167] 胡三嫚，钟华，2015. 工作不安全感、自我感知可雇佣性与工作幸福感的关系[J]. 中国临床心理学杂志，23(2)：321-325.

[168] 黄惠鸿，2013. 工作不安全感与员工绩效关系研究[D]. 重庆：西南政法大学.

[169] 黄杰，吴国强，王延松，等，2015. 工作要求–资源模型与工作倦怠的相互影响[J]. 心理科学，38(3)：708-714.

[170] 黄亮，彭璧玉，2015. 工作幸福感对员工创新绩效的影响机制：一个多层次被调节

的中介模型[J]. 南开管理评论, 18(2): 15-29.

[171] 黄昱方, 刘永恒, 2016. 高绩效工作系统对员工组织认同的影响: 程序公平的中介作用及主管支持的调节作用[J]. 华东经济管理, 30(4): 117-123.

[172] 姜彤彤, 2019. 职业认同、组织认同对幼儿教师工作投入的影响研究[D]. 济南: 山东师范大学.

[173] 姜友文, 杨洁, 王祯敏, 2019. 雇主品牌对员工创新行为的影响: 一个链式中介效应模型[J]. 云南财经大学学报, 35(2): 104-112.

[174] 鞠鑫, 邵来成, 2004. 职业倦怠的工作要求-资源模型[J]. 应用心理学(3): 58-62.

[175] 李保东, 王彦斌, 唐年胜, 等, 2008. 组织认同心理结构三因素模型检验[J]. 统计与决策(12): 167-169.

[176] 李枫, 李成江, 2009. 高校教师心理契约与组织公民行为关系研究: 基于组织认同中介作用的分析[J]. 江海学刊(5): 91-96.

[177] 李金波, 许百华, 陈建明, 2006. 影响员工工作投入的组织相关因素研究[J]. 应用心理学(2): 176-181.

[178] 李俊龙, 白青松, 梁亦可, 等, 2019. 公立医院医技人员工作投入的影响机制研究: 有调节的中介效应[J]. 中国卫生事业管理, 36(10): 733-739.

[179] 李敏, 2019. 中学教师工作投入感的现状及成因研究: 基于我国13省市调查数据的实证分析[J]. 教师教育研究(5): 94-99.

[180] 李敏, 2015. 中学教师工作投入感研究[D]. 上海: 华东师范大学.

[181] 李锐, 凌文辁, 2007. 工作投入研究的现状[J]. 心理科学进展, 15(2): 366-372.

[182] 李锡元, 刘慧慧, 陈贝贝. 个体-主管深层相似性感知与员工创新行为: 两个中介效应的检验[J]. 科技进步与对策, 2017, 34(18): 146-152.

[183] 李燕萍, 郑馨怡, 刘宗华, 2017. 基于资源保存理论的内部人身份感知对员工建言行为的影响机制研究[J]. 管理学报, 14(2): 196-204.

[184] 李云, 李锡元, 2011. 职业经理人可信行为与员工组织认同: 信任与心理安全感的作用[J]. 商业经济与管理(7): 31-36.

[185] 凌玲, 卿涛, 2013. 培训能提升员工组织承诺吗: 可雇佣性和期望符合度的影响[J]. 南开管理评论, 16(3): 127-139.

[186] 刘嫦娥, 戴万稳, 2012. 工作场所无礼行为研究综述[J]. 管理学报, 9(7): 1092-1097.

[187] 刘嫦娥, 戴万稳, 2011. 中国情境下工作场所无礼行为的结构探讨[J]. 管理学报, 8(12): 1818-1822.

[188] 刘嫦娥, 丁洪涛, 2010. 职场无礼行为对雇员及组织绩效的影响研究[J]. 现代管理

科学(9)：39-40.

[189]   刘嫦娥，黄杰，谢玮，2018. 基于串联中介模型的上级无礼行为对员工创造力的影响研究[J]. 江苏社会科学(3)：171-180.

[190]   刘嫦娥，黄杰，谢玮，等，2019. 上级无礼行为对员工工作投入的影响机制研究[J]. 管理学报，16(9)：1344-1352.

[191]   刘嫦娥，赵曙明，李宋岚，2009. 工作场所无礼行为受施者人格特征研究[J]. 现代管理科学(11)：5-7.

[192]   刘舒榕，2015. 工作特征与工作幸福感的关系：个人-组织匹配的调节作用[D]. 广州：广东外语外贸大学.

[193]   刘银华，2019. 职场无礼行为的溢出效应、交叉效应及防避对策[J]. 领导科学 (23)：43-45.

[194]   刘蕴，2017. 道德型领导能提升员工创新行为吗：内部人身份感知和垂直集体主义的作用[J]. 中国人力资源开发(11)：32-42.

[195]   吕卫华，2006. 就业实现中人力资本与社会资本的融合[J]. 商业时代(25)：59-60.

[196]   马冰，2015. 员工导向的人力资源实践及作用机理研究[D]. 广州：华南理工大学.

[197]   马跃如，郭小闻，2020. 组织支持感、心理授权与工作投入：目标导向的调节作用[J]. 华东经济管理，34(4)：120-128.

[198]   孟华，李义敏，赵袁军，2017. 组织与个体互动视角下新生代员工组织认同的影响因素研究[J]. 管理现代化，37(6)：54-56.

[199]   仇勇，孟雨晨，杨旭华，2019. 精神型领导何以激发员工创新：领导成员交换关系与组织认同的链式中介作用[J]. 华东经济管理，33(4)：44-50.

[200]   申正付，韩布新，杨秀木，等，2018. 胜任力对全科医生工作满意度的影响：工作绩效和组织认同的链式中介作用[J]. 中国临床心理学杂志，26(5)：1021-1025.

[201]   盛建森，2006. 教师工作投入：结构与影响因素的研究[J]. 心理发展与教育(2)：108-112.

[202]   时勘，崔有波，万金，等，2015. 集体主义氛围感知对工作投入影响：组织认同的中介作用[J]. 现代管理科学(9)：6-8.

[203]   苏屹，周文璐，崔明明，等，2018. 共享授权型领导对员工创新行为的影响：内部人身份感知的中介作用[J]. 管理工程学报，32(2)：17-26.

[204]   孙健敏，姜铠丰，2009. 中国背景下组织认同的结构：一项探索性研究[J]. 社会学研究，24(1)：184-216.

[205]   谭道伦，2011. 金融服务业员工组织支持感、组织认同与员工服务创新行为研究[D].

成都：西南财经大学.

[206] 唐杰，林志扬，2009. 工作环境下的员工压力应对研究：内涵、模型、测量及热点评述[J]. 应用心理学，15(4)：379-384.

[207] 佟海燕，2019. 员工感知的企业社会责任、组织认同和组织承诺的关系研究[D]. 济南：山东大学.

[208] 佟瑞鹏，杨校毅，2018. JD-R 模型、理论在行为安全研究中的应用及述评[J]. 中国安全科学学报，28(11)：46-51.

[209] 王俊有，李巧灵，田艳辉，等，2014. 初中校园文化对教师工作绩效的影响机制：组织认同的中介作用[J]. 心理与行为研究，12(1)：80-84.

[210] 汪林，储小平，黄嘉欣，等，2010. 与高层领导的关系对经理人"谏言"的影响机制：来自本土家族企业的经验证据[J]. 管理世界(5)：108-117.

[211] 王苗苗，张捷，2019. 真实型领导对新生代员工创新行为的影响：内部人身份感知的中介作用[J]. 科学学与科学技术管理，40(3)：127-141.

[212] 王三银，刘洪，林彦梅，2019. 家庭支持型领导如何驱动员工的创新行为：自我概念的链式中介效应[J]. 科学学与科学技术管理，40(3)：99-115.

[213] 王彦斌，2004. 管理中的组织认同：理论建构及对转型期中国国有企业的实证分析[M]. 北京：人民出版社.

[214] 王彦斌，赵晓荣，2009. 中国企业员工的组织认同及其整合基础：以企业控股形式为视点的分析[J]. 江苏行政学院学报(6)：49-54.

[215] 王雁飞，蔡如茵，林星驰，2014. 内部人身份认知与创新行为的关系：一个有调节的中介效应模型研究[J]. 外国经济与管理，36(10)：40-53.

[216] 王永跃，王慧娟，王晓辰，2015. 内部人身份感知对员工创新行为的影响：创新自我效能感和遵从权威的作用[J]. 心理科学(4)：188-193.

[217] 王伟，于吉萍，张善良，2019. 授权型领导对员工隐性知识分享的影响机制：内部人身份感知的中介作用与职场友谊的调节作用[J]. 科技进步与对策，36(7)：123-130.

[218] 王震，林钰莹，彭坚，2018. 从认同领导到认同组织：对认同转化边界条件的探讨[J]. 心理科学，41(4)：883-889.

[219] 魏钧，2009. 主观幸福感对知识型员工组织认同的影响[J]. 科研管理，30(2)：171-178.

[220] 温弗乐，吴觉敏，徐云，2019. 实习护士感知临床学习环境中的无礼行为对工作投入的影响研究[C]//第四届上海国际护理大会论文汇编. 上海市护理学会：2.

[221] 温玉娟，2020. 工作重塑、工作投入对职业成功的影响研究[D]. 济南：山东大学.

[222] 温忠麟，叶宝娟，2014. 有调节的中介模型检验方法：竞争还是替补？[J]. 心理学

报，46(5)：714-726.

[223] 邬大光，赵婷婷，1995. 也谈高等教育的功能和高等学校的职能：兼与徐辉、邓耀
       彩商榷[J]. 高等教育研究(3)：57-61.

[224] 吴明隆，2010. 问卷统计分析实务：SPSS 操作与应用[M]. 重庆：重庆大学出版社.

[225] 吴遐，刘兵，李嫄，2020. 家庭支持型主管行为与员工工作投入关系分析：内部人
       身份感知和工作–家庭增益的链式中介作用[J]. 技术经济与管理研究(5)：49-54.

[226] 奚菁，2008. 中国家族企业组织认同及其相关因素研究[D]. 广州：暨南大学.

[227] 夏宇寰，张明玉，李爽，等，2019. 工作场所无礼行为对员工建言行为的影响：一
       个有调节的中介模型[J]. 经济与管理研究，40(8)：115-128.

[228] 向东春，2020. 异质互动对大学教师工作投入的影响：学院内部权力关系的视角[J].
       现代大学教育，36(6)：94-100.

[229] 谢凌玲，2014. 公务员圈内人身份感知对任务绩效的影响研究：基于差序格局理论
       [J]. 北京航空航天大学学报(社会科学版)，27(6)：7-14.

[230] 徐长江，时勘，2003. 工作倦怠：一个不断扩展的研究领域[J]. 心理科学进展，11(6)：
       680-685.

[231] 许璟，赵磊，魏丽华，等，2017. 组织支持感对组织认同的影响：内部人身份感知
       和自尊的中介作用[J]. 心理学探新，37(3)：275-282.

[232] 徐艳，朱永新，2003. 企业员工的工作卷入研究[J]. 社会心理科学，18(4)：75-79.

[233] 严丹，黄培伦，2012. 辱虐管理对建言行为影响及机制[J]. 管理工程学报，26(4)：
       8-16.

[234] 严效新，李成江，赵永乐，2009. 企业员工组织公平与组织公民行为关系的实证研
       究[J]. 现代管理科学(7)：80-83.

[235] 严瑜，李彤，2018. 工作场所不文明行为受害者向实施者反转的机制[J]. 心理科学
       进展，26(7)：1307-1318.

[236] 严瑜，王轶鸣，2016. 工作场所无礼行为的溢出和交叉效应：超越职场范围的负性
       作用机制[J]. 心理科学进展，24(12)：1934-1945.

[237] 严瑜，吴艺苑，郭永玉，2014. 基于认知和情绪反应的工作场所无礼行为发展模型
       [J]. 心理科学进展，22(1)：150-159.

[238] 杨珂桢，2019. 顾客无礼行为对酒店一线服务员工的顾客服务主动性行为的影响研
       究[D]. 厦门：厦门大学.

[239] 杨霄，2017. 机场飞行区员工无礼行为对安全绩效的影响研究[D]. 武汉：武汉理工
       大学.

[240] 杨晓，师萍，谭乐，2015. 领导-成员交换社会比较、内部人身份认知与工作绩效：领导-成员交换关系差异的作用[J]. 南开管理评论，18(4)：26-35.

[241] 尹俊，王辉，黄鸣鹏，2012. 授权赋能领导行为对员工内部人身份感知的影响：基于组织的自尊的调节作用[J]. 心理学报，44(10)：1371-1382.

[242] 曾垂凯，2011. 自我感知的可雇用性量表适用性检验[J]. 中国临床心理学杂志，19(1)：42-44.

[243] 詹思群，2019. 工作场所无礼行为、组织支持感及承诺对员工工作绩效的影响研究[D]. 长春：吉林大学.

[244] 占小军，2017. 职场不文明行为对服务破坏的影响：基于道德认知视角的解释[J]. 当代财经(7)：81-91.

[245] 张彬，陈加洲，2009. 工作投入、工作卷入与工作嵌入的研究综述[J]. 华东经济管理，23(12)：130-133.

[246] 张好雨，王辉，郭理，等，2016. 领导权力分享、组织自尊和员工工作表现：内部人身份感知的调节作用[J]. 经济科学(2)：118-128.

[247] 张华，2008. 研究生职业决策自我效能及其影响因素研究[J]. 思想理论教育(3)：78-82.

[248] 张弘，曹大友，2010. 雇佣保障对工作满意度的影响：员工可雇佣性的调节作用[J]. 经济问题探索(11)：115-118.

[249] 张丽芳，2009. 山西省中学教师工作满意度、激励偏好与工作投入感的关系研究[D]. 石家庄：河北师范大学.

[250] 张琳琳，杨金伟，马世超，2010. 工作投入：高校教师工作倦怠研究的新视角[J]. 黑龙江高教研究(2)：91-93.

[251] 张宁俊，朱伏平，张斌，2013. 高校教师职业认同与组织认同关系及影响因素研究[J]. 教育发展研究，33(21)：53-59.

[252] 张淑华，刘兆延，2016. 组织认同与离职意向关系的元分析[J]. 心理学报，48(12)：1561-1573.

[253] 张伟东，吴华，2013. 事业编制对民办高校教师组织承诺、工作投入的影响[J]. 浙江大学学报(人文社会科学版)，43(1)：200.

[254] 张轶文，甘怡群，2005. 中文版 Utrecht 工作投入量表(UWES)的信效度检验[J]. 中国临床心理学杂志，13(3)：268-281.

[255] 赵红丹，汤先萍，2015. 内部人身份感知研究述评[J]. 外国经济与管理(4)：56-65.

[256] 郑洁，2004. 家庭社会经济地位与大学生就业：一个社会资本的视角[J]. 北京师范

大学学报(社会科学版)(3)：111-118.

[257] 郑思伟，2015. 基于 JD-R 模型的医院管理人员工作投入研究[D]. 北京：北京中医药大学.

[258] 中华人民共和国教育部，2002-12-28. 中华人民共和国民办教育促进法[Z].

[259] 中华人民共和国司法部，2018-08-10. 中华人民共和国民办教育促进法实施条例(修订草案)(送审稿)[Z].

[260] 周丽丽，2009. 小学组织气氛与教师工作投入及其关系研究[J]. 教育学术月刊(2)：51-53.

[261] 周路路，胡士强，2010. 企业跨国并购后员工组织认同影响因素研究[J]. 现代管理科学(3)：40-41.